一流のお金の生み出し方

中谷彰宏

お金は、
学びから生まれる
学びにお金を
使う人が
さらに増える
中谷彰宏

あきひろ

この本は、３人のために書きました。

1　節約には疲れたので、生み出し方を知りたい人。

2　身近にいないお金持ちから､生み出し方を学びたい人。

3　お金の自転車操業から抜け出して、成長したい人。

はじめに

01

お金は、自分がもっと成長するための手段だ。

お金は目的ではなく、手段です。
お金を通して人間関係をつくります。
自分自身がもっと成長していきます。
会社より、自分を成長させるのです。
売上より、関係を成長させるのです。

何かを買うか買うまいか迷った時に、選ぶ基準はたった1つです。

それを買うと自分が成長できるかどうかです。

または、そのお金をかけることで人との関係が生まれるかどうかです。

お金を使うことで、何かを学ぶことができます。

お金を使わないで貯めておくと、お金はなくなりませんが、何も学ぶことができません。

お金でストレスがたまることもあります。

お金がストレスになっている人は、お金とのつき合い方を、間違えているのです。

お金とのつき合い方を間違えたまま、お金を増やしたら、ますますストレスがたまってしまいます。

ストレスのない正しいお金とのつき合い方を身に付けることです。

お金をかけたものに、それだけの値打ちがあるのかないのかは、判断できません。

まったく見返りがなくても、自分が成長できたなら、そのお金を出したかいがあったということなのです。
そうすることで晴れ晴れとした気持ちになります。
大切なのは、お金のそばにいて、自分が晴れ晴れとした気持ちになることです。
お金が出て行く時も、晴れ晴れとした気持ちで見送ります。
こういう人が、最も多くのお金を生み出す人になるのです。

お金で成長するために　01

成長することに、お金を使おう。

お金で成長する61の方法

□ 01 成長することに、お金を使おう。
□ 02 回収を、先に延ばそう。
□ 03 未来からの借金をしない。
□ 04 ラッキーなことは、山分けしよう。
□ 05 正直に稼いだお金で、好きなことをしよう。
□ 06 犯罪にならないように、勉強しよう。
□ 07 お金のことは、一日に一度しか考えない。
□ 08 一番に、払おう。
□ 09 支払いを早くしよう。
□ 10 コツコツ、返そう。
□ 11 早めに、払おう。
□ 12 使いやすい人になろう。
□ 13 お金にきちんとした人になろう。

□ 14 欠席の時ほど、早く返事しよう。
□ 15 勉強代には、背伸びをしよう。
□ 16 「チップ」と心の中で、つぶやく。
□ 17 飛びついた自分を認めよう。
□ 18 中身がないモノを、売らない。
□ 19 いくら喜んでもらえるかを、考えよう。
□ 20 不安より、希望にお金を使おう。
□ 21 勉強で、地主になろう。
□ 22 ラクなほうを選ばない。
□ 23 まわりと違うことをしよう。
□ 24 実行する勇気を持とう。
□ 25 お金の話は、先にしよう。
□ 26 一冊の本代をケチらない。

□ 27 お客様のためにしよう。
□ 28 迷う時間をなくそう。
□ 29 チャンスを失っていることに、気づこう。
□ 30 節約より、工夫をしよう。
□ 31 仲間がお金持ちになることを喜ぼう。
□ 32 優先順位を明確に持とう。
□ 33 休みの日に、渡せる名刺を持ち歩こう。
□ 34 予期せぬ依頼を、断らない。
□ 35 いい仕事を、しよう。
□ 36 使うのではなく、まわす。
□ 37 ギャラ交渉は、にこやかにしよう。
□ 38 決めてから、見積りを相談しよう。
□ 39 後悔するより、稼ごう。

□ 40 堂々と行こう。
□ 41 イライラしない。
□ 42 自分の過ちを認めよう。
□ 43 だますより、だまされよう。
□ 44 「だまされた。うまいな」と言おう。
□ 45 1年後より、10年後を考えよう。
□ 46 ブランドを時間をかけてつくろう。
□ 47 冷蔵庫を、片づけよう。
□ 48 モノよりも、知恵でもらおう。
□ 49 お金で、縁を捨てない。
□ 50 損切りをしよう。
□ 51 「お金さえあれば」と考えない。
□ 52 得より、好きで選ぼう。

お金で成長する61の方法

□53 めんどくさいことをしよう。
□54 お金に値するものを書こう。
□55 ベストな年収以上に稼がない。
□56 数字に、惑わされない。
□57 関係性を財産にしよう。
□58 寂しさを埋めるために、お金を使わない。
□59 結果が出ない時こそ、繋いでいこう。
□60 お金の話に、罪悪感をなくす。
□61 利益を、勉強にまわそう。

一流のお金の生み出し方　もくじ

はじめに
01 お金は、自分がもっと成長するための手段だ。……5

第1章
一流は、運に頼らないから、お金を生み出せる。

02 運と思い込んでいるものは、未来からの前借りにすぎない。……20
03 子どもからの借金をしない。……24
04 「ラッキー」と思う人は、お金を失う。……27
05 ズルをして手に入れたお金で好きなことをすると、好きなことに嫌われる。……30
06 無知は、犯罪になる。……33
07 二流は、いつもお金のことを考えている。
一流は、一日に一度だけお金のことを考える。……37

08 二流は、ギリギリに予約を入れる。一流は、即、予約を入れる。……40
09 支払いの遅い人は、精神的に楽しめない。……43
10 お金を定期的に返すことが、信用になる。……47
11 クラブの女性には、駆け引きなしで支払う。……50

第2章

一流は、希望のためにお金を使うから増える。

12 能力のある人より、使いやすい人が、稼げる。……56
13 お金にきちんとしている人が、大きなチャンスを得る。……59
14 お礼のメールを送れる人が、10人のうちの1人になる。
欠席のメールを送れる人が、100人のうちの1人になる。……63
15 二流は、今の収入に合わせて、勉強するので、稼げない。
一流は、今の収入に左右されず、勉強するので、稼げる。……67
16 「チェッ」と言うたびに、お金がなくなる。……69
17 だまされたのではない。自分が飛びついたのだ。……71

18 実力がないのに、とんとん拍子に行くのは、詐欺。……75
19 二流は、いくらもらえるかを考える。一流は、いくら喜んでもらえるかを考える。……77
20 二流は、不安のためにお金を使う。一流は、希望のためにお金を使う。……81
21 小作より、地主になる。田んぼを開拓することが、勉強だ。……83
22 みんなが手をつけない荒地を開拓する。……87
23 二流は、まわりと違うことができないので、稼げない。……90

第3章

一流は、稼げるチャンスを逃さない。

24 知識のインプットと勇気のアウトプットで差がつく。……94
25 お金の質問には、即返事する。……98
26 コストカットで、機会損失。勉強代カットで、チャンスを逃がす。……100
27 二流は、お金のためにする。一流は、お客様のためにする。……103
28 スピードで、生涯所得は決まる。……106

29 1本のタバコ、1回のスマホが、稼ぎを奪う。……112
30 節約は、工夫をしなくなる。……115
31 仲間の得は、自分の損ではない。……117
32 お金がないのではない。使う優先順位がわからないだけだ。……119
33 稼ぐチャンスは、休みの日に訪れる。……122
34 予期せぬ依頼で、稼げる。……124

第4章
一流は、お金を生み出すために工夫する。

35 給料をもらったからと言って、プロになったわけではない。……128
36 勉強する→成長する→稼ぐ→勉強する。……130
37 ギャラ交渉を、言いにくそうにすると、通らない。……133
38 見積りで、選ばない。……135
39 なくなる心配をしている間に、稼ぐ工夫をする。……137
40 抜け道が、いちばん高くつく。……140

41 イライラが、お金を逃がす。お金を持っても、持たなくても。……142
42 損した時に、相手のせいにしない。……145
43 「信頼して、だまされた人」の運気は下がらない。「信頼されて、だました人」の運気は下がる。……149
44 「だまされた。カネ返せ」と言わない。……152
45 1年草より、多年草を植える。……154
46 「知名度」の稼ぎは短い。「ブランド」の稼ぎは長い。……159
47 稼ぐ人は、冷蔵庫の中がきれい。……162

第5章

一流は、学ぶために働く。

48 お金のかわりに、知恵でもらう。……166
49 お金を通して、人は繫がり、信じ合えるようになった。……168
50 ケチな人ほど、損をする。損したくない気持ちで、損をする。……171
51 お金は、拡大鏡。いいところはさらに大きく、イヤなところも、さらに大きく。……173

52 二流は、もっと儲かる仕事はないか、ウロウロする。……176
53 二流は、好きなことをする。一流は、めんどくさいことをする。……179
54 「書きたいから書く」では、お金にならない。……182
55 多すぎる年収は、自由時間を減らし、ストレスを増やす。……185
56 数字に目を奪われると、大事なものを見落とす。……187
57 客単価の小さいお客様を大切にする。……190
58 お金で、寂しさは埋められない。……192
59 やめると、ゼロになる。……194
60 気軽にお金の話ができる友達を持つ。……197
おわりに
61 学ぶために、働く。……200

第1章

一流は、運に頼らないから、お金を生み出せる。

02

運と思い込んでいるものは、未来からの前借りにすぎない。

「運がよくなりたい」とつい願いますが、運はよくならないほうがいいのです。

「運がいい」というのは、自分が努力した量よりも多く入ってくることです。

働いていないのにたくさんの給料がもらえる、くじびきで当たるというのは、自分の努力とイコールの収入ではありません。

自分がかけた労力よりもたくさんのリターンがあることを、「運がいい」と言い、つい求めてしまうのです。

実際は自分がかけた労力と入ってくるお金は必ずイコールです。

たとえば、100万円の労働をして200万円入ってきました。

そこで「プラス100万円だ。運がいい、ラッキー」と思いがちです。

そのあとで、残り100万円分タダ働きしたり、「100万円返してください」と言われます。

残り100万円の請求はいつか必ず来るという仕組みなのです。

これが「運がいい」ということの怖さです。

このお金の仕組みは、天がつくっています。

税務署からは逃れられても、天から請求が来るので逃れられません。

逆に、運が悪いことからはみんな逃げたいと考えます。


たとえば、100万円分の労働をしたのに50万円しか支払われませんでした。

これを「運が悪い」と考えます。

残り50万円は必ず返ってきます。

今運よく入っているお金は、未来の自分から取っているお金なのです。

この話を聞いた人が、「わかりました。今日せっかく頑張ったけどお金にならなかったことがあったので、ラクになりました。イコールになるように頑張ります」と言いました。

これは解釈を間違えています。

必ずイコールにはなります。


一流なら、「入ってくる量よりもたくさん働くと、より稼げる」と考えます。

二流は、「働いた量よりもたくさんのお金が入ってきてほしい」と願います。

やがて自分の労力よりも多い分の収入が取られることに気がつきません。

「運がいい」と言う人は、やがて「運が悪い」と言います。

一流は、すべてのことに関して「運がいい」とは言いません。

運に頼っている人は、他人にも「あの人は運がいい」と言います。

誰しも、かけた労力と入ってくるお金はすべてイコールです。
たくさんお金が入ってきた人は、運がいいからではありません。
それだけかけている労力が多いのです。

お金で成長するために　02

回収を、先に延ばそう。

03

子どもからの借金をしない。

かけた労力と収入とのイコールの関係は、今の時点ではなく一生をかけて決まります。

怖いのは、次の代の借金になることです。

足りない分は、自分の未来や自分の大切な人に請求されます。

自分が100万円の労力しかかけていないのに200万円入ってきた時、残りの100万円分は、夫とか妻、両親といった自分の家族から取られます。

普通、借金には保証人がつきます。

保証人は大切な人です。

なんの契約書もありませんが、天は勝手にその人から取り立てます。

これには逆らえません。
もっとつらいのは、自分の子どもから取られることです。
100万円分働いている子どもに50万円しか入ってきません。
それは親の借金を返し続けているからです。
働いても働いても、親が未払いだった分を取られるので子どもが貧しくなります。
これはかわいそうです。

借用書のある借金はまだわかりやすいです。
借用書のない借金が一番危ないのです。
これを「運がいい」と言います。
本人は、「借金」ではなく「もらった」と思っています。

たとえば、50万円のバッグを買って、クレジットカードで払いました。

「お金がないのにバッグが手に入った。ラッキー」と思っても、2カ月後には必ず代金の請求が来ます。

2カ月後、キャッシュローンで50万円借りてその支払いを埋めました。

その時に「ラッキー。なんとかなった」と言う人は、「これで消えた」と思っているのです。

これが金銭感覚のない二流なのです。

一流になるためには、まず金銭感覚を身に付ける必要があるのです。

お金で成長するために 03

未来からの借金をしない。

04

「ラッキー」と思う人は、お金を失う。

たとえば、１００万円分の労力しかかけていないのに２００万円入ってきた時の対処法は、２つです。

① **残り１００万円分、一生懸命働く**

これには、もちろんリターンは何もありません。

② **入ってきた１００万円をみんなに分ける**

ほかの人に入るはずのお金を自分が手に入れたと考えます。

それを埋めていってあげるのです。

これが山分けをするという発想です。


ラッキーを目指す人は、おみくじが好きです。

おみくじで小吉が出ると「なんで？」と、ムッとします。

「きっと神社の陰謀で、大吉が出るまで引かせるためにこんな悪いのを出すんだ。

こっちはお金を払っているのに」と思うのです。

こういう人は、大吉が出ると「ラッキー」と言います。

これは、「大吉」という言葉の意味を間違えています。

「大吉」は、「今あなたに過払いしているので、みんなに分けてあげてください」という意味です。

「凶」は、「あなたに入ってくるお金が若干遅れていますけど、間もなく入ります」という意味です。

大吉が出た時は、「ヤッター、私は大吉。わぁ、あなたは凶」と、自分がまわりよりもラッキーと思わないことです。

あとから必ず請求が来るので、大吉は一番危ないのです。

大吉は、労力よりもリターンが大きくなっている状態です。

ゴルフのホールインワンと同じです。

ホールインワンをした人は、みんなからお祝いされるのではありません。

「自分がホールインワンに恵まれたので、皆さんにごちそうします」というのがホールインワン賞です。

そのための保険もあるくらいです。

おみくじで大吉を引いた時は、みんなに何かお返しをすればいいのです。

お金で成長するために　04

ラッキーなことは、山分けしよう。

05

ズルをして手に入れたお金で好きなことをすると、好きなことに嫌われる。

意識的にズルをすると、罪悪感が残ります。

無意識のうちにお金が手に入って、「これ、黙っていたらわからないな」と考えるのも、ズルです。

その人は、そのお金を自分の好きなことに使います。

たとえば、旅行が好きな人は、そのお金で旅行をします。

脳は思ったよりそのお金の出どころをずっと覚え続けます。

ズルをして得たお金でした旅行からは嫌われることになります。

「あなた、ズルしたお金で旅行しているよね」と、好きなことから嫌われるのです。

不正直なことで手に入れたお金で好きなモノを買うと、好きなモノからは嫌われるのです。

それでもいいのかということです。

お金に対して罪悪感のある人は、「お金持ちになることがいけないんじゃないか」と思い込んでいます。

それは間違いです。

お金持ちになっていいのです。

そのかわり、正直に努力すればいいのです。

お金持ちになりたくないのなら、何もしないことです。

どちらを選ぶかは自由です。

お金持ちになりたいと思っているのに正直に努力しない人は、あとから痛い請求が来ます。

一番つらいのは、自分の好きなモノに嫌われることです。
たとえば、時計の好きな若者が１００万円を拾いました。
拾った１００万円で、アルバイトして買おうと思っていた時計を買いました。
その若者は、少しもうれしくなくなりました。
アルバイトでコツコツ働いて買った時計は、宝物になります。
拾ったお金で手に入れた１００万円の時計は、なんかうれしくないのです。
お金持ちになるのは悪いことではありません。
ただし、そのためには正直な努力をする必要があるということなのです。

お金で成長するために　05

正直に稼いだお金で、好きなことをしよう。

06

無知は、犯罪になる。

もともとどんなにいい人であっても、お金は感覚を麻痺させるところがあります。

とはいえ、ズルをする人が悪というわけでは決してありません。

ズルをしたのではなく、それがズルであるとわからなかったということです。

痴漢は犯罪というのは誰でもわかります。

イジメがなくならないのは、イジメは犯罪だと気づいていないからです。

アメリカで未成年の若者がイジメで有罪になりました。

その時、有罪になった未成年の若者が泣きました。
自分のしたことが犯罪であると初めて気づいたのです。
イジメを遊びの一種だと思っていたからです。
大阪に行くと、「痴漢は犯罪です」というポスターがたくさん貼ってあります。
「痴漢は犯罪です」というポスターは明快です。
痴漢をする人は、犯罪の意識がないから平気なのです。
脱税をする人も、犯罪の意識がありません。
脱税と節税の区別がついていないのです。
これは悪意があるのではなく無知なだけです。
教わっていないのです。
悪意はなくても無知は犯罪になります。
だから勉強しておく必要があるのです。
お金の話をタブーにするのではありません。

お金について、「これをしたら犯罪になるんだな」と知識として勉強したり、教えてくれたりする人を持てばいいのです。


私は商売人の家で育ちました。

お金は信用と繋がっています。

算数はできなくても、お金でどれだけ信用を落としたり、得たりできるかということを徹底的に教えられました。

これが商売人の家で一番大切なことだからです。

会社の中でお金のことを一番きちんとしているのは経理です。

会社では、経理の人に教わればいいのです。

経理の人は、税務署から教わっています。

親から教わらなかった人は、税理士さんに教えてもらいます。

私は自分で会社を始めてから、税理士さんにお金のことをたくさん教わりました。

「そんなことがあるんだ。それは全然知らなかった」というようなことだらけです。

プロフェッショナルの人にきちんと授業料を払って教わることが重要です。

税理士さんは、自分のお金の先生です。

お金の根本的な知識を大もとのところで踏みはずしている人は、税理士さんを「節税してくれる人」ととらえています。

それは間違いです。

お金に対しての考え方を教えてくれるのが税理士さんです。

「ズルしてもそこから生まれるものはマイナスしかない。正直にするのが一番得だ」ということを、税理士さんは教えてくれるのです。

お金で成長するために 06

犯罪にならないように、勉強しよう。

07

二流は、いつもお金のことを考えている。一流は、一日に一度だけお金のことを考える。

お金の勉強をするからといって、一日中お金のことを考えていればいいわけではありません。

二流ほど、一日中お金のことを考えます。

一流は、お金のことは一日に一度だけ考えます。

それ以外は本業に専念します。

だから本業の売上が大きくなるのです。

税金に対しても、一流と二流とでは考え方が違います。

一流は、税金のことは税理士さんに任せて、本業で稼ぐようにします。

たくさん稼いでたくさん税金を払おうとするのです。

二流は、できるだけ税金を減らしたいと考えます。

「もっと節税できる税理士さんはいないか」と探して、税理士さんをコロコロかえます。

税理士さんをコロコロかえているところは、「おかしい」と税務署から一番目をつけられます。

税理士さんもクビを切られてほっとしているのです。

脱税すると、自分のキャリアに傷がつくし、税務署からの信用も落とします。

本当にうまい抜け道があるなら、税理士さんはみんな豪邸を建てています。

私がお世話になっていた税理士の故・菅井誠先生はそう言っていました。

その言葉で、私はお金に対しての本質を教わった気がしました。

都合のいい、うまくいく節税の方法などないのです。

私は、税理士さんに「そんなことを考えている時間があるなら、社長は本業に徹してください。お金のことは私がきちんとします」と言われました。

これが一番悩まないですみます。

二流は、「もっと税金を少なくしてくれる税理士はどこかにいないか」と探して、働いていないのです。

それでは、やがて本業の収入も減ります。

お金のことは考えなくていいのではなく、一日に一度だけ考えて、あとは忘れるようにすればいいのです。

お金で成長するために　07

お金のことは、一日に一度しか考えない。

08

二流は、ギリギリに予約を入れる。
一流は、即、予約を入れる。

中谷塾の申し込みは、事前にクレジットカードかコンビニで支払いをします。

一番に申し込むのは、いつも同じ人です。

ギリギリに申し込むのも、いつも同じ人です。

ギリギリに申し込む人は、「万が一申し込んで、その日は都合が悪くなって行けなくなったら振り替えができないので損だ。だからギリギリに申し込むのが得でしょう」と思っています。

これは、バランスが見えていない人です。

たとえば、スタッフがいる金曜日の5時半までの段階で帳面を締めます。

そのあとに申し込んでも土曜日の授業には参加できますが、帳面をもう1回締め直す必要があります。

ここに労力をかけさせてしまうということです。

ギリギリに申し込む人は、相手に労力をかけさせていることに気づいていません。

その労力をかけさせている分だけの請求は後ほど来ます。

そう考えると、ギリギリのほうがお得ではないのです。

それに比べて「この人はいつも一番に申し込んでいる」となると、信用が生まれます。

配り物のプリントがある時は、金曜日の夕方までに人数分のプリントをしています。

そのあとに申し込んだ人のプリントの追加分は、私が用意することになるのです。

または、余分にプリントを用意しておくことになります。

そのコストは申し込み代金には入っていませんが、将来、請求が来ます。

チケットの前売券と当日券とでは、前売券のほうが安いです。

二流は、「前売が安いのは売るためだな」と考えています。
それは間違いです。
当日では手間がかかるので、その分のコストが当日券に含まれるのです。
一番怖いのは、早く申し込もうがギリギリに申し込もうが料金が同じ場合です。
ギリギリに申し込むと、あとから残りの請求が来ます。
その金額が見えていないところが怖いのです。
支払い物がある時は、一番早く払えばいいのです。

お金で成長するために　08

一番に、払おう。

09

支払いの遅い人は、精神的に楽しめない。

お金というのは、払った金額プラス払っている人間の「お金を使った」というストレスの合計金額です。

たとえば、旅行の料金の支払いには、

① 1カ月前までに支払う
② 集合時に支払う
③ 旅行終了時に支払う
④ 旅行が終了して1カ月後に支払う

という4パターンがあります。

一流は、①の旅行1カ月前までに支払いをします。

二流は、④の旅行1カ月後に支払います。

ここで考えてほしいのは、どちらの旅行が楽しいかです。

本来、旅行するまでの間はワクワクします。
②のパターンは、「まだあのお金を払わなければいけないんだな」という気持ちがあって楽しめません。
つらいのは、③のパターンです。

前日には「ああ、明日もう払わなければいけないのか」と思い、旅行中ずっと「だんだん払う時間が近づいてきた」と、支払うお金のことばかり考えてしまいます。

旅行は、終わったあとも楽しいものです。

一緒に旅行した人と仲よくなると、「もう1回集まりましょう」ということがあります。

「こんな写真を撮った」と見せ合ったり、データを交換したり、後日談で盛り上がって「今度どこに行きましょう」とワクワクできるのは、お金のことを忘れた時です。

「間もなくお金を払わなくちゃいけないんだな」と思っていると、楽しめません。

お金のことを忘れられるのは、先に払っているからです。

豪華客船は、オールインクルーデッドと言って、最初にお金を払います。

旅行中にどんな豪華なコースメニューを食べても全部無料です。

これがお金を忘れられる楽しい旅行です。

なんとなくあとでお金を払ったほうがお得と思っているのは、お金の感覚がない人です。

「日本人はお金の感覚があまりよくない」と外国人から思われたり、自分でも思いがちです。

逆です。
日本はプリペイドの国です。
外国はクレジットの世界です。
先に払っているプリペイドのほうがはるかに精神的に楽しめます。
先に払うといくらか料金がお得なだけでなく、精神的にも得があるのです。

お金で成長するために 09

支払いを早くしよう。

10 お金を定期的に返すことが、信用になる。

お金は、紙幣の前に貨幣ができました。
貨幣の前は、紙でした。
いわば信用書です。
「この紙は100万円の価値があります」ということです。
お金は信用をやりとりしています。
お金で信用を生み出すこともあれば、失うこともあります。
机の上に置いてあった100万円に、「手をつけない」「1枚だけ抜く」「ごっそり盗る」という選択肢があります。

1枚抜くだけで信用を落とします。

1枚抜くのも全部盗るのも同じです。

金額の問題ではないのです。


借金を定期的に返すことで、一番信用が生まれます。

もともと借金のない人よりも、借りたお金をコツコツ毎月返す人のほうが、銀行は信用するのです。

定期預金でコツコツお金を入れている人も信用できます。

100万円を一度に入れるよりも、100万円を100回に分けて入れる人のほうが、銀行の信用度は上です。


「定期的にコツコツ」が信用を生むのです。

出版社は、どこも資金繰りが大変です。
私もインサイドの人間なので、よくわかります。
ある出版社で何百万円かの支払い忘れがありました。
最初はびっくりしました。
一度には払えないので、毎月10万円ずつ払ってくれます。
何年もかかりましたが、間もなく完済です。
その出版社は信用できます。
「偉いね」という気持ちが湧いてくるのです。

お金で成長するために　10

コツコツ、返そう。

11

クラブの女性には、駆け引きなしで支払う。

支払いにあたって、1人で仕事をしている人から請求があったら、その日に払います。

会社ではないので、資金繰りがいっぱいいっぱいの中で動いているからです。

すぐ払う人と、すぐ払えるのになかなか払わない人とに、くっきり分かれます。

同じお金を払っていても、信用が生まれる人と信用を落とす人とがいます。

ギリギリでハラハラさせる人は信用を落とすのです。

クラブとキャバクラとでは、お金の流れが違います。

一般人は、それがわかっていません。

「値段の高いのがクラブ」とかではないのです。

クラブは、ボトルキープ制で、ボトルをキープしていれば、何時間いても1回いくらです。

キャバクラは時間制です。

飲み物が追加されると、さらに飲み物代がかかります。

初期料金は安いのですが、結果は高いのです。

キャバクラに行く人は「よし、今日は1時間で帰るぞ」と思っています。

帰ろうとした時に、かわいい子がまわってきます。

「もう帰っちゃうの。もうちょっといてよ。寂しい」と言われると、「仕方ないな」と、1時間延長になります。

延長すると、そのかわいい子は指名でどこかに行ってしまいます。

店にかわいい子ばかりいるわけではありません。
帰ろうとすると、かわいい子があらわれるのです。
最後までいると、とんでもない料金を払うはめになります。
あらゆる風俗の中で、キャバクラが最も高くつきます。
上限がないからです。

働く女性の側は、キャバクラは時給プラス歩合です。
クラブは日給プラス歩合です。
お客様の支払い額の何％かが女性の収入です。
売上が大きくないと、給料も上がりません。
キャバクラは、毎回、指名を変えられます。
クラブは指名を変えられません。
担当は決まっています。

営業マンがつくのと同じです。

キャバクラは帰る時に支払いをします。

多くのクラブは掛売、つまり、ツケを認めています。

お客様がお店につけるのではありません。

クラブは担当の女性が肩がわりして、お店につけるのです。

これがクラブとキャバクラの違いです。

給与形態と支払い形態とが、まったく違います。

一見似ていますが、クラブとキャバクラは違う業態なのです。


たとえば、クラブで月500万円使ってくれる上客がいます。

そのお客様が払わないで逃げてしまったら、その500万円は担当の女性が肩がわりして払うことになります。

だから、ヒヤヒヤします。

支払いの締日ギリギリいっぱいに払うイヤらしいお客様もいます。

女性は胃が痛くなります。

「今日、締めの日なんだけど」とメールを送ると、「おまえはオレを信じられないのか」というヘンな試しをするのです。

本当にバックれて逃げる人もいます。

その500万円は、店に対する女性の借金になります。

ギリギリいっぱいに払う人は、二流です。

駆け引きでハラハラさせる人は、結局、嫌われます。

気持ちよくどんどん早く払える人が、一流なのです。

お金で成長するために 11

早めに、払おう。

第2章

一流は、希望のためにお金を使うから増える。

12

能力のある人より、使いやすい人が、稼げる。

稼ぐために能力を身に付けようとするのは、間違いです。

「ＭＢＡ（経営学修士）を取った。能力をつけたので稼げるはずだ」と頑張っても、それほど稼ぎにならない現実が待っています。

社会には、能力がある人・能力がない人、使いやすい人・使いにくい人がいます。

これは次ページの表を見るとわかりやすいです。

縦軸は、上が「能力がある人」、下が「能力がない人」です。

横軸は、右側が「使いやすい人」、左側が「使いにくい人」です。

すべての人は、使いにくくて能力がない状態から始まります。

やがて目指すのは、使いやすくて能力がある人です。

そうなれば一流です。

面接をすると、大体２人が残ります。

１人は、能力はあるけれども使いにくい人です。

もう１人は、能力はないけれども使いやすい人です。

雇うのは、迷わず「能力はなくても使いやすい人」です。

使っているうちに、その人の経験値

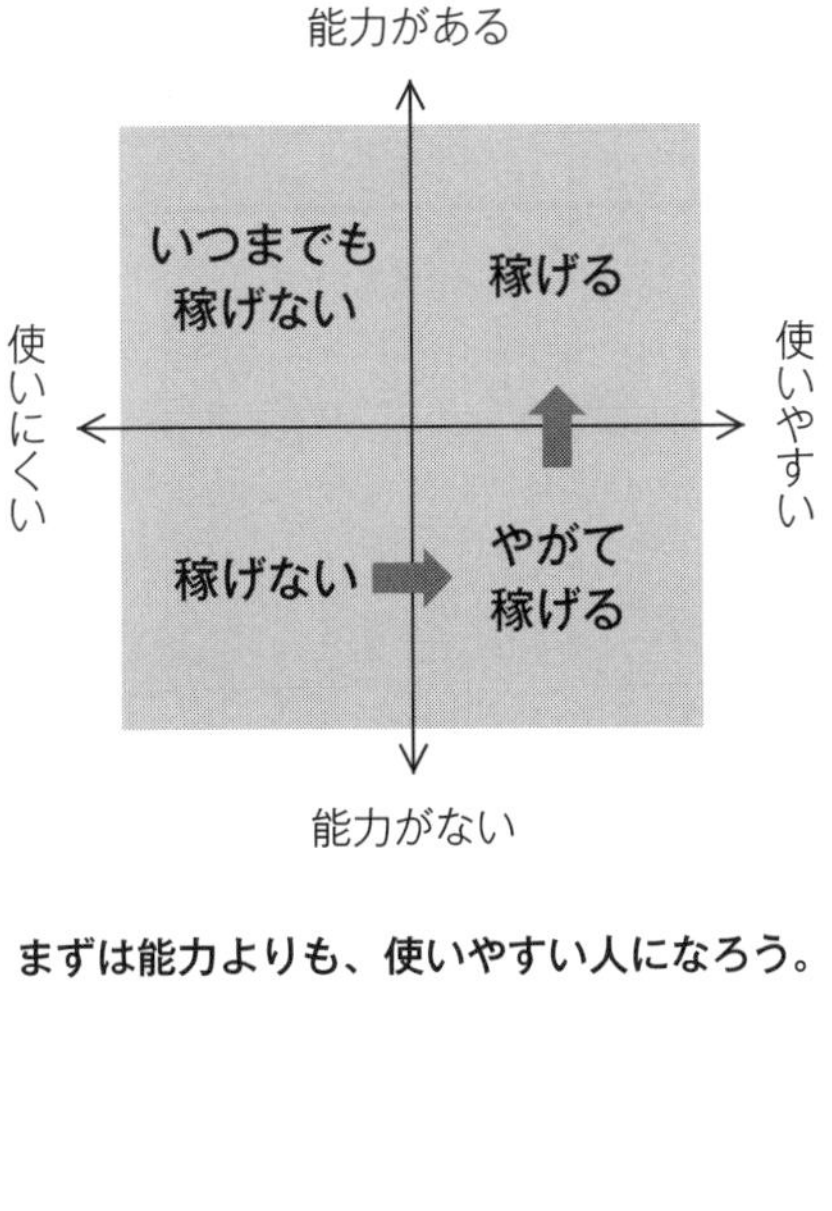

まずは能力よりも、使いやすい人になろう。

が上がり、勉強をするので能力がついてきます。

どんなに能力があっても使いにくい人は誰からも雇われません。

使いにくい人は、具体的に言うと「話しにくい人」です。

これは、コミュニケーションがどれだけとれるかで判断されます。

能力はあるのにコミュニケーション能力が落ちると高飛車で横柄に見られます。

能力を上げるより、話しやすい人になることです。

能力があっても使いにくい人は、稼げないということです。

自分の生涯所得を増やしていこうと考えた時に、「とりあえず能力だ」と思うのは間違いなのです。

お金で成長するために 12

使いやすい人になろう。

13

お金にきちんとしている人が、大きなチャンスを得る。

「使いやすい人」に勝つ方法があります。

表の縦軸の上が「使いやすい人」、下が「使いにくい人」です。

横軸は、右側が「お金にきちんとしている人」、左側が「お金にきちんとしていない人」です。

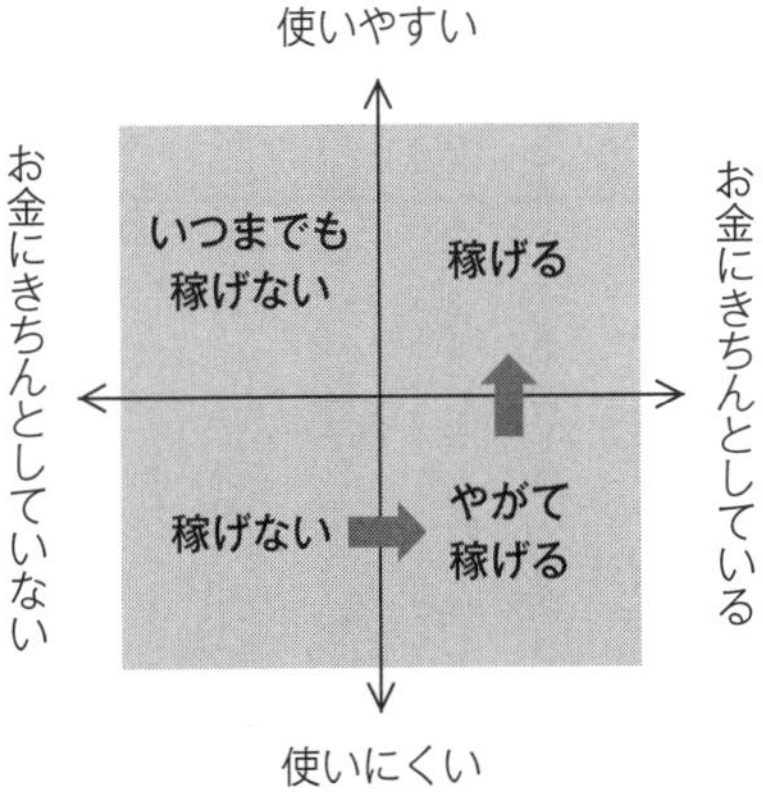

お金にきちんとしている人が、
チャンスを掴む。

どんなに使いやすくても、お金にきちんとしていない人は雇ってもらえません。

使いにくくてもお金にきちんとしている人は、雇われます。

たとえば、飲食店がスタッフを雇う時は、鈍くさくて愛想が悪くても、お金にきちんとしている人を選びます。

どんなに愛想がよくてもお金にきちんとしていない人は、雇いません。

使いやすい人よりもお金にきちんとしている人のほうがチャンスを得るのです。

「お金にきちんとしている」というのは、机の上にハダカで100万円があり、盗ってもわからない時に、盗らないということです。

便利屋さんが、ひとり暮らしのおばあさんから「ゴミを出してほしい」「電球をかえてほしい」「お風呂を洗ってほしい」と言われました。

そのほかに、「なかなか出歩けないので銀行で100万円をおろしてきてほしい」

という依頼もありました。

かなりご高齢な依頼者の場合、１００万円から１、２枚抜いて渡してもわからないだろうと考える便利屋さんもいます。

そのおばあさんは、自分の子どもがいるのに、ある便利屋さんに全財産を譲りました。

財産を譲られた便利屋さんが理由を聞くと、「あなたは『１００万円おろしてきて』と言うと、きちんと１００万円おろしてきてくれた。ほかの便利屋さんは、必ず１、２枚足りないのが当たり前だった」と言われました。

おばあさんは、お金を盗られても黙っていました。

本来は、何億円という莫大な財産が手に入る可能性があったのに、お金を１、２枚抜いて「ラッキー」と思っていた人は、そのチャンスを失ったのです。

または、次の仕事の依頼がなくなります。

本人は、こづかい稼ぎをしたつもりでも、大きな財産を失っているのです。

これは、商売人の家でさんざん叩き込まれる話です。
おばあさんは、何もテストしたわけではありません。
だからといって、「お金を抜いたな」と怒っているわけでもありません。
怒られるというのは、まだラクな状況です。
すべてのことは、バランスがとれています。
怒られないというのが、その人の人生において一番マイナスになるのです。

お金で成長するために　13

お金にきちんとした人になろう。

14

お礼のメールを送れる人が、10人のうちの1人になる。欠席のメールを送れる人が、100人のうちの1人になる。

中谷塾の大人の遠足塾で日本科学未来館に行きました。

デジタル領域を中心に独創的な事業を展開するチームラボの「未来の遊園地」というイベントが大人気です。

まず、入場券を買うのに長蛇の列です。

さらには、整理券をもらうのにもう1回長蛇の列です。

並んでいるだけで遠足が終わってしまいそうでしたが、たまたま中谷塾生にチームラボのスタッフがいました。

そこで、ファストパスで案内をしてもらえることになりました。

私は、遠足塾の参加者10人に「案内してもらった人へのお返しに、もっとたくさんの人がイベントに来るようになるアイデアを考えて」と宿題を出しました。

そうしないと、相手からしてもらっているだけで、バランスがとれないからです。

私の宿題は強制ではありません。

したかどうかの確認もしません。

社会に出ると、宿題は強制ではなく、するかどうかは本人次第です。

これで差がつくのです。


遠足塾のあと、チームラボの代表とアーティストの村上隆さんのトークイベントがありました。

「このイベントに塾生をご招待したいと思うんですけど、お誘いしていいですか」

と聞かれたので、私は「遠足塾のあとにメールをした人だけ誘ってください」と言いました。

通常、ファストパスコースで案内してもらえたらお礼メールをします。

参加者10人のうち、お礼メールをしたのは５人でした。

その５人に「今度、トークイベントにご招待します」という案内が行きました。

そのうち１人はトークイベントに行きました。

２人は「用事があるので行けません」と返信しました。

残り２人は返事なしです。

稼げる人は、「繋がる人」です。

稼ぎは、関係から生まれるのです。

一流は、関係を大切にし、関係を築いていこうと考えます。

二流は、お金を大切にし、お金を手に入れようとします。

だからといって、二流が悪い人というわけではありません。

出席のメールは一番しやすいです。

欠席のメールはしにくいので、「なんて言おうかな」と考えているうちに日にちが過ぎてしまいます。

これで関係が切れてしまうのです。

欠席の返事を早くできる人は、相手をハラハラさせません。

早く欠席の返事を出せば、何席確保しておくかという相手の手間が減ります。

ＯＫの返事は誰でも早くするので、ここでは差がつきません。

欠席の返事を早くできる人が一流なのです。

お金で成長するために 14

欠席の時ほど、早く返事しよう。

15

二流は、今の収入に合わせて、勉強するので、稼げない。一流は、今の収入に左右されず、勉強するので、稼げる。

誰もが「自己投資しています」と言います。

たとえば、手取り30万円の人が1万5０００円分の本を買うと、収入の５％を本代にかけています。

「その数字は、妥当なところなの?」と聞くと、「妥当じゃないですか」と言います。

妥当な数字は、「消費」です。

30万円の収入で3万円分の本を買うと、妥当以上です。

これを「投資」と言います。

二流は、今の収入に見合った投資をします。

これは「投資」ではなく、「消費」と言います。

未来の自分に合わせて背伸びをすることが「投資」です。

「今ぐらいの収入なら、これぐらいが目いっぱいでしょう」と言う人は、分相応の範囲内でしかないので、「消費」です。

そういう人は、永遠に収入は増えません。

平均が5％の時、10％投資できる人は年収が倍になっていきます。

それによってその人の生涯所得が変わるのです。

お金で成長するために　15

勉強代には、背伸びをしよう。

16
「チェッ」と言うたびに、お金がなくなる。

タクシーの運転手さんに「道の手前で止めてください」と言ったのに、向こう側まで行ってメーターがまわってしまうことがあります。

この時に、二流は心の中で「チェッ」とつぶやきます。

一流は、心の中で「チップ」とつぶやきます。

「チェッ」は、とられることです。

「チップ」は、あげることです。

「とられる」のは、一番ストレスがかかります。

「あげる」は、ストレスがかかりません。

むしろ、気持ちよさが残ります。

ワンメーター分タクシー料金が上がった時に、心の中で「チェッ」とつぶやくか、「チップ」とつぶやくかで、まったく違うのです。


同じとられるなら、あげる形にすると一番ストレスがなくなります。

ストレスにもきちんと金額はかかります。

ストレスで病気になると、治療代や薬代がかかったり、仕事を休んで収入が減るということになるのです。

お金で成長するために 16

「チップ」と心の中で、つぶやく。

17

だまされたのではない。自分が飛びついたのだ。

よく「だまされた」と騒ぐ人がいます。

そういう人は、だまされたのではなく、自分が飛びついただけです。

たとえば、「今日、私に１００万円預けると、来月２００万円にします」と勧誘されました。

普通は、そこで「なぜ？」と考えます。

「だまされた」と言うと、相手に悪意があるように聞こえます。

約束通り２００万円が払われないと「だまされた」と言います。

これは、最初から怪しい話です。

「だまされた」と言っている人は、ずっとだまされ続けます。

自分が飛びついたということを永遠に認めないからです。

まわりのみんなも「あなたが欲かいたからでしょう」と、同情しません。

飛びついた人間は、詐欺の一味なのです。

だましている人間と同じ意識だからです。

まわりから見ると、「飛びついているということは、あなたもおいしい思いをしようとした」と思われます。

同情されないというのは、まわりからの信用を落としているということです。

たとえば、Aさんが「100万円が1カ月で200万円になる」という話に飛びついてだまされました。

友達のBさんは「お気の毒に」と言いながら、「Aさんはそんな人なんだ。これからあまりかかわり合わないほうがいいな」と思います。

Aさんは、おいしい話に飛びついたために、そうして多くの仲間を失うことになったのです。

詐欺はよくできたシステムです。

「100万円払ったら、来月200万円にします」という話で、1回目は200万円返るのです。

また100万円入れると、翌月に200万円返ってきました。

「これはこんなちまちましている場合じゃない」と思って1000万円入れると、1円も返ってこなくなるのです。

中には「あなたもしなさい」と仲間を誘う人もいます。

2回目まできちんとお金が返ってくると、「いい話があるんだけど教えてあげようか」と、仲間に勧める人がいるのです。

自分の親しい人を誘うのは、完全に詐欺の手先として営業を始めています。

自分は詐欺師から誘われていますが、自分の親友は親友から誘われているので、その話を信じてしまいます。

おいしい話に飛びついた人は、自分が加害者側にまわっているということに気づいていないのです。

お金で成長するために　17

飛びついた自分を認めよう。

18
実力がないのに、とんとん拍子に行くのは、詐欺。

詐欺は、中身がないモノを売ってお金を得ることです。

「バッグですよ」と言われて買ったのに、届いた箱の中には新聞紙しか入っていなかったというのが詐欺です。

今、世の中には講師になりたい人がたくさんいます。

生徒よりも講師になりたい人が多いくらいです。

そういう人は、いきなり講師を始めてしまいます。

生徒は、講師という肩書きを見ると、何かいいことを教えてくれるに違いないと思って話を聞きに行きます。

その講師は勉強していません。

これは、中身のないカラ箱を売っているのと同じです。

「とんとん拍子にうまくいっています」と言う人は危ないです。

普通は、とんとん拍子には行きません。

必ずあとで天から請求が来ることに気づいていません。

これは美人に多いです。

美人が危険なのは、外見がいいので中身が伴わなくてもとんとん拍子に行きやすい、詐欺がしやすいということなのです。

お金で成長するために 18

中身がないモノを、売らない。

19

二流は、いくらもらえるかを考える。
一流は、いくら喜んでもらえるかを考える。

転職する時に聞かれる質問は２つしかありません。

「前の会社はなんで辞めたの？」と「給料はいくら欲しい？」です。

この２つの質問で、その人を採るか採らないかが決まります。

答えにくいのは、「いくら欲しい？」という質問です。

「前の会社ではこれぐらいもらっていたので、これぐらいは欲しいです」という答えが一番多いです。

これは、二流です。

自分の都合を言っているだけだからです。

会社にプラスになる仕事をどれだけできるかのほうが重要です。

「1500万円、御社を儲けさせる自信があります。3倍儲けさせるので、500万円下さい」と言うならいいのです。

「前の会社で500万円もらっていたので500万円下さい。編集は初めてです」と言う人がいるのです。

前の会社に10年勤めていたなら、10年後に500万円だったということです。

編集が初めてということは、スタートの金額を言う必要があります。

今会社にどれだけ役に立つかということが本来の給与の金額です。

「これだけもらわないとできない」という自分の都合で語るのは、二流の発想です。

二流は、「いくらもらえるか」を先に考えます。

一流は、「いくら相手の役に立って喜んでもらえるか」ということを考えます。

相手側のメリットを基準にするか、自分のメリットを基準にするかで変わるのです。

私はすべての財産を失っても、ゼロから始める覚悟があります。

波乱万丈の人生を送る作家のジェフリー・アーチャーのように財産がゼロになっても、皿洗いから始めます。

研修で行っているレストランには、「食べていけなくなったら皿洗いで雇ってね。給料ゼロでいいから」と言っています。

給料ゼロなら、少なくとも雇ってもらえます。

レストランで働くと、まかない料理が出ます。

皿洗いをしていても、機転が利く人材はすぐ店長になります。

店長になると、引き抜きがあります。

アルバイトでも、皿洗いの次は「バスボーイ」というお皿を下げる係があります。

バスボーイになった時は、お皿の下げ方一つで全然違うというところをお客様に見せます。

一流のお客様が来る一流のレストランから「今度うちで新しく店を始めようと思うんだけど、来てくれないか」と引き抜かれている人を、私はたくさん見ています。

最初は「給料はなくてもいいので、まかないだけつけて下さい」と言うのが、一流の採用のされ方なのです。

お金で成長するために　19

いくら喜んでもらえるかを、考えよう。

20

二流は、不安のためにお金を使う。
一流は、希望のためにお金を使う。

二流は、「万が一病気になったら困るから貯金しておこう」と考えます。
貯金も、不安をベースにしています。
一流は、「これで勉強して給料を上げるんだ」と考えます。
これは、希望にお金をかけているのです。
たとえば、１冊１３００円の本があります。
二流は、「本に１３００円を払うなら、貯金しよう」と考えます。
不安をベースにすると、本は買えません。

希望をベースにするから本が買えるのです。

「ここで勉強しておけば何かチャンスが掴めるかもしれない」

「好きなことができるかもしれない」

「出会いがあるかもしれない」

と考えるのが一流です。

1冊の本があった時に、その本代を貯金にまわす人と、本を買って自分の中に「貯金」する人とに分かれます。

100％希望に使えるか、少しでも不安のほうへまわしておくかで、その人の生き方が一流か二流かに分かれるのです。

お金で成長するために　20

不安より、希望にお金を使おう。

21

小作より、地主になる。田んぼを開拓することが、勉強だ。

お金持ちになる方法は、1つしかありません。

小作から地主になることです。

小作では、どんなに働いてもお金持ちにはなれないのです。

「お金持ち」は、20世紀以後で考えると「株を持っている人」という感じがします。

人類の歴史の中では、「お金持ち」は貴族です。

貴族は、昔は「領主」と言われていました。

「領主」は、言い方を変えると「地主」です。
人間の生き方は、小作か地主しかないのです。
小作は、どれだけ働いても、取られてしまうので限界があります。
地主は、どんどん稼げます。
みんなが働いている間に勉強できるので、ますます伸びていくのです。
すべての人は、小作から始まります。
小作から地主になる方法は、自分で荒地を田んぼに開拓することです。
それができれば、その土地は自分のモノになります。

私は、学生時代に吉祥寺に住んでいました。
吉祥寺は、江戸時代は荒地でした。
都心部は、完全に江戸城の周辺だけです。
江戸三大大火の１つである１６５７年（明暦３年）「明暦の大火」は「振袖火事」

として有名で、死者が10万人出たとも言われています。

振袖火事があった時に、本郷、水道橋から焼け出され、「荒地を開拓したらあなたの土地にしますよ」と言われた人々が引っ越してきたのが吉祥寺の始まりです。

吉祥寺にはもともとからの地主はそれほど多くはいません。

東京ですら、地主になったのは開拓した人なのです。

この話をすると、「何か簡単そうな土地はないですか」と聞く人がいますが、そんなものはありません。

荒地だから誰も手をつけないのです。

荒地の開拓は大変です。

岩や木の根っこだらけです。

これを平地の田んぼにしていく作業です。

荒地を田んぼに開拓することとは、今でいう「勉強」にあたります。

「勉強はめんどくさい」というのは当たり前です。

めんどくさくて誰もしないから、勉強した者だけがその分野の地主になれたのです。
今は勉強した人間が地主になっていける時代です。
人類の歴史上、今日に至るまでずっと、みんなが開拓をしてきたのです。
持って生まれてお金持ちだった人は、1人もいません。
初代はすべて、荒地を開拓したからお金持ちになったのです。

お金で成長するために 21

勉強で、地主になろう。

22
みんなが手をつけない荒地を開拓する。

お金持ちになったからといって、息子もお金持ちになれるわけではありません。
たとえば、フランシスコ・ザビエル（1506〜1552）は、貴族の息子です。
お父さんが戦争で負けて没落しました。
急に貧乏になったのです。
そこからのし上がる方法は、
①　貴族の兵士になり、手柄を立てる
②　勉強して、お坊さんになる

の2つだけです。

①は、命を落とす覚悟がいります。

そこで、ザビエルは、勉強してお坊さんになる道を選んだのです。

ヨーロッパのお金持ちは、貴族と僧侶の2種類しかありません。

勇気で勝負するなら、貴族です。

勉強で勝負するなら、お坊さんです。

ザビエルはお坊さんになりましたが、自分のしたいことをなかなかできる機会がなく、アジアで布教することにチャレンジしたわけです。

最初はインドに行きました。

そこから日本まで来たのです。

ザビエルも、荒地を開拓して聖人の僧侶の地位についたのです。

勉強すれば地主になれますが、地主になったあとに勉強しなければ落ちぶれます。

耕しやすい土地は、誰かが先に開拓しているので残っていません。
荒地であればあるほど、みんなが手をつけないからいいのです。
そこを開拓すれば自分の土地が手に入ります。
開拓より、小作をしているほうがラクです。
ただし、ラクなほうを選んでいると、永遠にお金持ちにはなれないのです。

お金で成長するために　22

ラクなほうを選ばない。

23

二流は、まわりと違うことができないので、稼げない。

稼ぐことは、人と違うことをすることです。

みんながしていることをしても、競争になって、利益を分けるだけです。

みんながしていないことをするから、お金持ちになれるのです。

アメリカの1％のお金持ちは、99％の人がしないことをした人です。

アメリカの0・01％のお金持ちは、99・99％の人がしないことをした人です。

儲かっている人がしていることをマネした時点で、99％側に入るのです。

一流は、みんながしないことをします。
二流は、みんなと同じことをします。
この違いです。

優等生は、まわりと違うことができません。
誰かがしていることをします。
または、誰かがして、うまくいったことだけをします。
これでは、どこまで行っても小作の側です。
地主になるのは、誰も開墾したがらないような土地を開墾した人です。
みんなが反対し、誰からもほめられない仕事のできる人が、稼げる人です。

一番わかりやすい例が、株です。
株は、みんなと一緒に動いたら、お金を失います。

みんなが買いの時に売れる人、みんなが売りの時に買える人が、株で稼げる人です。

これは株だけに限りません。

お金に関するすべてのことで、みんなと逆のこと、みんなと違うことのできる人が稼げる人です。

みんなと同じでないと不安な人は、永遠に稼げないのです。

お金で成長するために　23

まわりと違うことをしよう。

第3章

一流は、稼げるチャンスを逃さない。

24
知識のインプットと勇気のアウトプットで差がつく。

お金持ちになるためには、インプットとアウトプットの2つが必要です。

どちらか一方では、お金持ちにはなれません。

インプットは、「勉強」です。

知識のインプットをしなければ、世の中の仕組みがわかりません。

お客様に対してのサービスもできません。

「洋服屋になりたいと思うけど、洋服の知識はないんだよね」と言うのはおかしいです。

「ああいうオシャレなブティックで働きたいと思うけど、洋服の知識がない」と言う人は、着こなしがダサいです。

お店の服を着せてもらっても、着方を間違えたりします。

そういう人からは誰も買いたいと思わないし、クビになります。

アウトプットは、「実行」です。

実行に必要なものは、勇気です。

一番わかりやすい例は、株です。

「これ」と思った上場企業があった時に、その株を買えるかどうかです。

あとから誰かが買って株価が上がったのを見て、「あれ、注目してたんだよね」と言っても、買う勇気がなかったのです。


たとえば、「こういう本を出せば、きっと売れるに違いない」と思っていました。

よその出版社で誰かがそういう本を出しました。

その時に「あれは私も考えていた」と言っても、しなかったのは勇気がなかったということです。

企画は誰でも思いつきますが、それを実行に移す段階で勇気がいるのです。

株で言うと、どんどん株価が下がっている時に買えるかどうかです。

株価が上がっている時は、誰でも買えます。

上がり始めた時に手放すのも、勇気がいります。

あとでいくら「わかっていた」と言っても始まりません。

競馬の馬券も、窓口でその番号を言わなければ買えません。

競馬新聞に当たりそうな番号を書いて、「わかっていた」といくら言っても知識のレベルです。

その馬券を窓口で買うところが勇気のいるアウトプットです。

いろいろなことを知っているだけの優等生では、お金持ちにはなれません。

実行できないからです。

一方で、「オレは勇気がある」と言っても、勉強していない人はアウトです。

勇気があるだけの人は、勉強のインプットがないのでメチャクチャにしているだけです。

実際に、学校の優等生が社会に出てお金持ちになれないのは、勇気のアウトプットがないからです。

本を1冊買うのでも、勇気がいります。

「これが面白くなかったらどうしよう」というのは勝負です。

１３００円の本を1冊買うにしても、投資です。

これは自分の直感に頼らざるをえません。

投資は、過去の体験で学習することが大切なのです。

お金で成長するために　24

実行する勇気を持とう。

25

お金の質問には、即返事する。

お金の話はなかなかしにくいことが多いです。
実際、何か好きなことをしていこうと思うと、お金の話は避けられません。
たとえば、講師になって、セミナーを開くことにしました。
ホームページに、「授業料はいくらですか」という問い合わせがありました。
「いくらにしようかな」と考えて返事が遅れると、申し込みがなくなります。
お金に関する質問は、返事が遅れると不信感になるのです。
「授業料は、これでは高すぎるし、これでは低すぎる。妥当なラインがよくわからない。みんなどうしてるのかな。このお客様はどれぐらいのつもりなのかな」とクヨクヨ考えているうちに、返事が遅くなります。

返事が遅いと、「なんかここ、ちょっと怪しいよね」となるのです。

お金の質問に対しては、即答するのが一番信頼されます。

モノの値段に正しい金額はないのです。

受け手がどう思うかの問題です。

お金の話をあとまわしにするのは二流です。

お金の話は即答して、ダメならＮＧ、よかったらＯＫになるだけなのです。

お金で成長するために　25

お金の話は、先にしよう。

26

コストカットで、機会損失。勉強代カットで、チャンスを逃がす。

節約することによってチャンスを失うのは、一番痛いことです。

節約の時に、最初に切られるのが勉強代です。

企業は、研修代を削ります。

そうすると、「社員の能力が下がる」↓「ますます売上が上がらない」↓「ますますお客様が来ない」↓「ますます社員の研修費用を削る」という負のスパイラルに陥ります。

これは、個人の中でも起こります。

「給料がなかなか上がらない」↓「デフレで給料が下がる」↓「これはヤバいな。

勉強代を削ろう」となります。

たとえば、編集者が給料が安いからといって勉強代を削ると、自腹でいろいろな本を買って読むことがなくなります。

今世の中に出ている本をまったく読まない状態になります。

たまたまある著者とめぐり会った時に、Aさんは、給料は下がっているけれども、本をコツコツ読んでいたので、その著者の本も読んでいました。

Bさんは、その著者の本を読んでいませんでした。

読んでいたAさんは「先生の本、拝読しています」と、自分なりの意見を述べることができました。

Bさんは、「これから読みます」と言いました。

そのあとの展開で「ぜひうちでもお願いします」と言う時に、「読んでいます」と言うAさんと、「これから読みます」と言うBさんとでは、差がついてしまいます。

これが機会損失です。

一番痛いのは、せっかく来たチャンスを逃すことです。

機会損失のつらいところは、チャンスを逃したことすらわからないことです。

本を読んでいると、たまたま会った時に著者であることがわかります。

勉強代を削って本を読んでいないと「え、あんな人なの？　わからなかった」となります。

安い給料の中で、先行投資として本を読んでいるかどうかが、機会損失を生むかどうかの分かれ目になるのです。

お金で成長するために　26

一冊の本代をケチらない。

27

二流は、お金のためにする。
一流は、お客様のためにする。

中谷塾で、「仕事の向こうに○○が見える」というお題を出しました。
ある予備校の講師をしている男性は、「授業の向こうにお金が見える」と言いました。
本来、授業の向こうに見えるのは予備校生の合格した姿です。
そのために一生懸命になったり、お互いに繋がれたりするのです。
授業の向こうに福沢諭吉が見えている講師では、それが生徒にバレて嫌がられます。

自分の仕事の向こう側に何が見えているかが大切なのです。

お金は結果としてついてくるものです。

お金を目的にしないことです。


授業の向こうに、先の先まで見えていることが重要です。

二流に見えているのは、手前のところです。

「授業の向こうにお金が見える」と言う人は、授業料をもらった時点で仕事が終わります。

その生徒が合格するかどうかは関係ありません。

それは生徒にもバレます。

授業料を払ってもらった時点で商売が終わりと思っている人は、「誰かほかの生徒を誘ってよ」という話をします。

自分の仕事は完結して、次のお金を探しているからです。

生徒ではなく、ついお金を集めたくなるのです。

一流は、授業の向こうにその生徒の合格した姿が見えます。合格のお祝いで家族とうれしそうにごはんを食べに行っているところ、楽しそうに大学生活を送っているところ、卒業して好きな仕事のために海外へ行っているところまで見えるのが、一流の塾の先生なのです。

お金で成長するために　27

お客様のためにしよう。

28

スピードで、生涯所得は決まる。

お金持ちになるかならないかの分かれ目は、スピードです。
お金持ちになれない人は、遅いです。
お金持ちになれる人は、速いです。
スピードを決める要素は４つあります。

① 生産性

これは、1時間当たりにどれぐらいの仕事ができるかです。

「稼げない、稼げない」と言う人は、1時間にできる仕事が少ないのです。

たとえば、ページ数で言うと、1時間に5ページ進む人、10ページの人、20ページの人とでは、収入が違って当たり前です。

1時間に進むのが5ページで「私はこんなに働いていているのに」と言っていると、永遠にスピードは上がりません。

「もっと給料をくれ」と言いますが、給料をもらいたければ1時間にできるスピードを上げればいいのです。

スピードは、自分の工夫で上げられます。

スピードが遅い人は、「仕事が忙しいので、人を増やしてください」「仕事が忙しいので、仕事量を減らしてください」と言います。

仕事量を減らせば、ラクになります。

ただし、自分の生産性は永遠に上がらないので、収入は減ります。

二流は、「しんどいから、仕事量を減らしてくれ」と言う人です。

一流は、「仕事量を増やしてくれ」と言います。

そのかわり、1時間にできるスピードを上げます。

1日は24時間しかありません。

そこできちんと睡眠もとり、クオリティーの高い仕事をしようと思うなら、1時間のクオリティーを上げればいいのです。

たとえば、おいしいお好み焼屋さんとピザ屋さんの見分け方は簡単です。

焼きモノのお店は、速いところがおいしいのです。

遅いところは、熟練していないので、結局焦げていてカチカチです。

熟練していけばいくほど、スピードは速くなります。

熟練度が足りない結果、生産性も下がり、味も下がるのです。

手術は、時間がかかればかかるほど丁寧にしているとは限りません。

お医者さんの手先が不器用なだけです。

手術に時間がかかると、合併症の起こるリスクが発生します。

これは、手術の練習をしていないということなのです。

② 迷っている時間

「どうしよう。するかしないか」と迷う時間のロスでスピードは落ちます。

稼げない人は、迷う時間が圧倒的に長いです。

するにしても、やめるにしても、動くまでに時間がかかります。

この時間のロスが遅さにつながるのです。

③ 即応性

「誰か、これしたい人？」と聞かれた時、すぐに「はい」と言った人のところにチャンスが行きます。

「えーっと」と言っている人には、そのチャンスはなくなります。

チャンスは限定品なのです。

④ インターネットの時間

「時間がない、ない」と言いながら、インターネットを見ている人がいます。

インターネットでロスをしている時間は、本人の中に最もロス感がありません。

インターネットを見ない人は、ここで圧倒的な時間が生まれます。


この4つのポイントで、いかに自分の生産性を上げられるかで差がつくのです。

能力は関係ありません。

迷うことは、能力とは関係ありません。

ヘタに能力があると、余計迷います。

「今度、英語力のいる仕事があるんだけど、できる?」と頼まれた時に、「どれぐらいの英語ですか」と聞いたりします。

もともと英語の能力がない人は、そんなことを聞いても始まらないので「します」と即答できます。

仕事は、「します」と早く言った人間にとられます。

ブロークンイングリッシュでボンボン話せばいいのです。
中途半端に英語のできる人は、間違えてはいけないと思って、何も話せずにニコニコ笑っているだけになりがちです。
それでは、結果として、「使えない」と判断されてしまうのです。

お金で成長するために　28

迷う時間をなくそう。

29

1本のタバコ、1回のスマホが、稼ぎを奪う。

タクシーを拾おうと思ったら、運転手さんが車の窓をあけてタバコを吸っていました。
タバコのにおいを気にする人は、そのタクシーには乗りません。
この運転手さんは、お客様を待ちながら、タバコでチャンスを逃しています。
運は関係ありません。
1本のタバコでお金を失っているのです。
私が止まっているタクシーに手を振ると、ドアがあきませんでした。
「あれ?」と思うと、タクシーの運転手さんはスマホを操作していました。

もう1台タクシーが止まっていたので、それに乗りました。

スマホを操作している間は、完全にまわりが見えなくなって、お客様が来たことに気づかないのです。

本人は「今日、お客様がいないな」と考えています。


募金をしていた人が、ある時からお金を入れなくなりました。

その理由は、「募金をお願いします」と言われて、募金しようかなと思った時に、募金箱を持っていた人がずっと下でスマホを操作していたからです。

募金活動の仕事の連絡のためにスマホを操作していた可能性もあります。

それでも、スマホを操作している人に募金しようとは思いません。

一生懸命さが感じられないからです。

たしかに、必要な募金をお願いするのはいいことです。

しかし、スマホを操作している姿を見て、「募金しようと思ったけど、もうやめよう」となってしまったのです。
その募金活動はあちこちでしていますが、どこでも募金しなくなりました。
そこに募金しようという気持ちがなくなったのです。
スマホを操作したことで、ほかの人たちにも迷惑をかけることがあるのです。
隠れてしていた本人は、そのことに気づいていません。
道に立っているので、スマホを操作しているところは見えます。
スマホを操作する怖さは、ほかの人からは見えていないという感覚があるところです。
1回のスマホで信用は落ちます。
スマホによってチャンスを失っていることに気づく必要があるのです。

お金で成長するために 29

チャンスを失っていることに、気づこう。

30
節約は、工夫をしなくなる。

節約する人は、「節約しているから」ということで、ほかの工夫がなくなります。
節約をしないで投資をする人は、お金を生み出そうとして工夫が始まります。

節約し始めると、結果、お金は残らなくなります。
お金が残るのは、節約した人よりも、工夫した人です。
お金は節約からは生まれません。
ただ減るのを抑えるだけです。

大切なのは、増やしていくことです。

節約よりも工夫にエネルギーを使うほうがいいのです。

節約しても、そこで終わりです。

「節約しているから」→「節約しているのに」と、だんだん気持ちがすさんできます。

メンタルの部分でテンションが下がると、お金を生み出せなくなるのです。

お金で成長するために　30

節約より、工夫をしよう。

31 仲間の得は、自分の損ではない。

二流は「仲間の得は自分の損」と考えます。

誰かが仕事で成功すると、自分が損したような気がするのです。

仲間の得と自分の損は、まったく関係ありません。

二流は、同じパイの中で取り合っています。

たとえば、雑誌の仕事は、ライター・取材をする人・カメラマン・イラストレーターの４人で分け合います。

企画の予算は決まっています。
自分の仕事を増やすために誰かの仕事を減らすのは、同じパイの取り合いです。
一方、稼げるライターは、企画をつくってページを増やそうとします。
この違いがあるのです。

仲間がお金持ちになったら、それを喜んで、その仲間から学びます。
仲間が失敗して損した時に得した感があるのが、二流の考え方です。
二流は、稼いでいる仲間、得した仲間から、どんどん離れていくのです。

お金で成長するために 31

仲間がお金持ちになることを喜ぼう。

32

お金がないのではない。使う優先順位がわからないだけだ。

「お金がない」とは、二流しか言いません。

たとえば、１冊１３００円の本を買うのに、「お金がないから買えないんです」と言うのです。

そのわりには、１３００円のランチを食べています。

その人にとっては、ランチが本よりも優先順位が上なのです。

一方で、ランチはおにぎりにして、本を買う人もいます。

本のほうが優先順位が上だからです。

「お金がない」と言っている人は、自分の中で軸が決まっていないので、優先順位がわからなくなっています。

実際に持っているお金の額は関係ありません。

お金を使う優先順位を明確に持っていれば、「お金がない」という言い方に陥らないですみます。

優先順位が見えていないと、目の前のことにばかりにお金を使って、お金が残らないのです。

学生時代、私は家からの仕送りで生活していました。

にもかかわらず、本代と映画代には無制限にお金をかけていました。

高い写真集や全集も買っていました。

そのかわり、食事は自分でつくって、食費を思いきり削っていました。

これが優先順位です。

スーパーで豚こま切れ肉とピーマンとソーセージを買ってきて、ケチャップだけでナポリタンをつくっていたのは、すべて本代と映画代のためです。

学生にしては、本代と映画代に関しては大金持ちのようなお金の使い方をしていたのです。

衣食住すべてにまんべんなくお金をかけられるのは、本当のお金持ちだけです。

限られた収入で好きなものに投資するには、ほかのモノを削るしかありません。

何を削るかは、自分の優先順位が明確になっていないと決められないのです。

お金で成長するために　32

優先順位を明確に持とう。

33

稼ぐチャンスは、休みの日に訪れる。

中谷塾では、塾生にスーツを着てくるように勧めています。
中谷塾は土曜日にあります。
チャンスは、平日の月曜から金曜よりも、休みの土曜・日曜にあるのです。
中谷塾に初めて来た人で、ジーパンにTシャツ姿の男性がいました。
人材派遣業をしている人です。
中谷塾には、いろいろな職業の人がいます。
今は仕事を探していなくても、そろそろ転職しようと考えている人もいます。

人材派遣業の人のお客様になる可能性があるのです。
その時に、ジーパンにＴシャツでは信頼度がないのです。
予期せぬチャンスのために態勢がとれていることが大切です。

「みんなに名刺を渡すといいよ」と言うと、土・日は持ち歩かないと言うのです。
土・日のほうが、圧倒的にふだん出会わない人に出会うチャンスが多いのです。
月―金は、同じ人にしか会いません。
土・日は、ランダムに人に出会います。
土・日にきちんとした格好をして、名刺を持つことで、チャンスを掴めるのです。

お金で成長するために　33

休みの日に、渡せる名刺を持ち歩こう。

34

予期せぬ依頼で、稼げる。

「稼げる仕事の依頼が、なかなか来ない」と言う人がいます。

稼げる仕事の依頼は、たいていヘンな依頼です。

本業とは別の仕事で、「こんなことってできますか」という依頼が来るのです。

二流は、「それ、うちはしていないんですよ」で終わりです。

一流は、「自分のところでできるかどうか調べてみます」、または「もしできるところが見つかったら、ご紹介します」と言います。

究極は、自分のところで扱っていない商品の依頼が来た時に、「それ、東急ハンズにありますから買ってきます」と言ってくれるのです。

これをしたら、すべてのことをそこに頼みたくなります。

お客様からどういう依頼が多いか、サービスしている側は事前にわかりません。

予期せぬ依頼が3件立て続けに来たら、世の中にその需要がけっこう多いことがわかります。

本業からはずれた依頼の電話を断っていると、チャンスを逃します。

少なくとも電話をかけてくれているのです。

どんな仕事でも引き受けることで、その仕事の入口になるのです。

ホテルのコンシェルジュのような存在です。

「なんでもいいから、うちへ電話をかけてください。うちでなんとかします」と言うところは、一番に電話をかけてもらえるのです。

「お客様にウケるサービスが見当たらない」と言う前に、まず、依頼されたことを

してみることです。

たとえば、タクシー会社に「子どもを保育園まで乗せて行ってほしい」という依頼が来ます。

「親御さんが乗っていないと、何かあった時に困るから」と断ると、気づけたはずの需要に気づけなくなります。

1日がかりで観光案内を頼まれた時に、「そういうのはしていないので」と断ると、そういう形態のサービスができなくなるのです。

新しいサービスのアイデアは、お客様から来ます。

自分から編み出すものではないのです。

お金で成長するために 34

予期せぬ依頼を、断らない。

第4章

一流は、お金を生み出すために工夫する。

35
給料をもらったからと言って、プロになったわけではない。

給料をもらっているのがプロ、もらっていないのがアマチュアと言うのは、二流の分類の仕方です。

給料をもらっていても、いい仕事ができていない人がいます。

まもなくリストラの対象になるような人は、世の中にたくさんいます。

いわば、給料をもらっているだけのアマチュアです。

二流は、1回でも給料をもらったら、自分はプロだと勘違いしているのです。

アマチュアとプロの境目は、それで稼げているかいないかではありません。

仕事のクオリティーがプロのレベルに達しているかいないかです。

いい仕事をしているか、していないかです。

稼ぎたいなら、いい仕事をすることです。

「給料を上げてもらうために、どう言えばいいですか」と聞く人がいます。

言い方ではありません。

いい仕事をしたら、自動的に給料は上がります。

いい仕事をしていないのに給料を上げてもらおうとするのは、間違いです。

「給料が上がったら、いい仕事をしよう」と言う人の給料は上がりません。

まず、いい仕事をすることが大切なのです。

お金で成長するために　35

いい仕事を、しよう。

36

勉強する→成長する→稼ぐ→勉強する。

二流は、お金を使うのが嫌いです。
お金を使うと、何かムダ使いしているような気がするのです。
ひたすら貯金します。
一流は、お金を使っているという意識はありません。
給料をもらったら、そのお金で勉強して成長します。
成長するから、前より稼げるようになります。
稼いだお金で、また勉強します。

お金をまわしているのです。

ここに「使う」という言葉はありません。

「使う」は、1回使って終わりです。

「使う」の反対語は「貯める」です。

お金のサイクルの中で、「貯める」は「止める」と同じです。

貯金は増えても、成長は止まります。

ただ年をとるだけです。

デフレの時代は、給料がどんどん下がります。

その人にはますます仕事を頼まなくなるので、チャンスを失って、給料が上がらなくなるのです。

コンピュータが発達したおかげで、給料がどんどん下がってきました。

昔はコンピュータがありませんでした。

今のコンピュータは、性能がよくて安いのです。

人を雇うより、コンピュータに頼んだほうが安上がりです。

給料を上げるには、コンピュータに勝てる能力を持つことが求められるのです。

コンピューターにできないことを勉強して、前より稼げるようになったら、それを勉強にまわしていけばいいのです。

お金で成長するために 36

使うのではなく、まわす。

37 ギャラ交渉を、言いにくそうにすると、通らない。

二流は、いい人です。

ギャラの交渉をする時は、言いにくそうに言います。

そういうギャラの交渉は、通りません。

ギャラには相場がないので、何が正しいかはわかりません。

ある意味、すべて「高いな」と思われます。

この人が1時間いくらのギャラなのかは、世の中の平均とは比べられないのです。

二流は、言いにくそうに「できれば、せめてこれぐらいで」と言います。

一流は、スパッと言い切ります。

お金の交渉で、探り合いは相手に最も不信感を与えます。

「予算がないので、また今度お願いします」と言われたら、それでいいのです。

「もう少しなんとかなりませんか」と言われたら、相手の予算を聞いて、合わせます。

これで長いおつき合いができるのです。

お金の話は、にこやかにします。

自分が払う側の時でも同じです。

「予算はいくらですか」と聞かれたら、ズバッと答えます。

「あんまりないんです」と、具体的な数字を言わない人は、お金を生み出せないのです。

お金で成長するために 37

ギャラ交渉は、にこやかにしよう。

38

見積りで、選ばない。

二流は、見積りで選びます。

たとえば、家をリフォームする時に、A社とB社に見積りを出してもらって、安いほうに決めるのです。

見積りは、原価をケチれば、いくらでも安くできます。

ホンモノを使うかニセモノを使うかで、原価は変わります。

どれだけ手を抜かれているかは、シロウトにはわかりません。

本当の見積りは、「この人に頼もう」と決めてから出してもらって、それがいる

のかいらないのかを選んでいきます。

アイミツにして安いほうを選んでも、ただクオリティーが下がるだけです。

同じリフォームの見積りで、A社が50万円、B社が30万円だとします。

A社は原価に40万円かけています。

B社は原価に5万円しかかけていません。

原価5万円の仕事と40万円の仕事とでは、クオリティーはまったく違います。

5万円のリフォームは、あとで不具合が発生して修理代がかかります。

ヘタなリフォームをすると、根本から直さなければならなくなります。

そこで莫大なお金がかかって、ゼニ失いになるのです。

お金で成長するために　38

決めてから、見積りを相談しよう。

39

なくなる心配をしている間に、稼ぐ工夫をする。

二流は、お金に関して、なくなる心配ばかりしています。

「万一お金がなくなったらどうしよう」

「万一クビになったらどうしよう」

「万一病気になって働けなくなったらどうしよう」

「万一会社が倒産したらどうしよう」

と言いながら、何もしないのです。

一流は、「なくなった時に、どうして稼ごうか」と考えます。

頭の使い方が違うのです。

稼ぐ工夫は頭を使います。

なくなる心配は気を使っているだけです。

気を使うのが二流、頭を使うのが一流です。

お金がなくなった時に、「なんでなくなったんだろう」とクヨクヨしても、お金は増えません。

「あの時、こうしておけばよかった」と後悔しても、1銭も生まれません。

なくなったことは仕方がないのです。

そこからどうして稼ぐかです。


二流は、「どうせ税金で取られるのだから、稼いでも仕方がない」と考えます。

一流は、「税金を取られるなら、それ以上に稼ごう」と考えます。

ビジネスで失敗しても、それ以上の稼ぎを生み出そうとするのです。


そこに新しいチャレンジが生まれます。

それがやがて当たったり、成長につながったりします。

二流は、何かにトライして失敗した時に、「しなければよかった」と考えて、新しいチャレンジをしなくなります。

ここでゲームオーバーなのです。

お金で成長するために　39

後悔するより、稼ごう。

40

抜け道が、いちばん高くつく。

二流は、常にもっと安くするための抜け道を探しています。

一流は、抜け道が一番高くつくことを知っています。

クルマの運転でも、抜け道は一番混むのです。

みんなが抜け道を通ろうとするからです。

抜け道のしんどいところは、いったん抜け道に入ると抜けられなくなることです。

大きい道は、いろいろなコースを選べます。

抜け道にはコースの選択肢はありません。

1回詰まったら、終わりです。

堂々と大きい道を行くことが、お金を生み出す一番のコツです。

コソコソと抜け道を行くと、かえって時間がかかります。

イライラして、事故に巻き込まれる可能性も上がるのです。

お金で成長するために　40

堂々と行こう。

41

イライラが、お金を逃がす。お金を持っても、持たなくても。

お金は、精神的にイライラしているところからは逃げていきます。

二流は、お金を持っていないと、不安だからイライラします。

お金を持っていると、「これがなくなったらどうしよう」とイライラします。

お金を持っている時も持っていない時もイライラするのです。

一流は、お金を持っても持たなくてもイライラしません。

お金を持っている時と持っていない時とで、どちらがイライラしないかということではありません。

二流は、とにかくお金にまつわることすべてにイライラします。

これでお金を逃がすのです。

たとえば、レジで前の高齢者がモタモタ支払いをしています。

「しまった。あれを買い忘れた」と言って、かごを置いたまま売場に取りに行きます。

その間、レジは止まります。

隣の列はズンズン進んでいきます。

ここでイライラすることで、自分の釣銭が間違えられたのに気づかないのです。

タクシーで、運転手さんの感じが悪いことがあります。

「はずしたな」と思って、心の中で舌打ちします。

イライラしているので、「ありがとうございました」と言わないでタクシーをおります。

この時に財布を忘れたりケータイを落としたりするのです。

お金で成長するために　41

イライラしない。

イライラしていると、視野が狭くなります。
イライラしていると、生産性は向上しません。
イライラすることは、損です。
損なことはしないようにします。
「1イライラ1000円の損」「3イライラ3000円の損」と考えればいいのです。

42

損した時に、相手のせいにしない。

損した時の対応で、二流と一流とが分かれます。
二流は、損した時に「相手のせい」にします。
一流は、損した時に「自分のせい」にします。
自分で責任がとれるのです。
たとえば、証券会社の窓口の人に儲かる株を勧められます。
実際に株が上がるか下がるかは、窓口の人にもわかりません。

損した時に窓口の人のせいにして、証券会社のガラスに石を投げると、弁償代が余計にかかります。

そういう人には、誰もいい話を持ってこなくなります。

結局、プラスは何もないのです。

窓口の担当の女性が「すみません。私が勧めたのに」と言った時に、「いや、勉強になりましたね。こういうこともあるんですね」と丁寧に言う人は、感じがいいのです。

そういう人には、またいろんな情報を教えたくなります。

一流は、1回下がって損した株を、もう一度買います。

下がった株と長くつき合うのです。

「長くつき合う」には、「持ち続ける」という意味と「損をしても何回も買う」という意味があります。

そうすると、その株のクセがわかってきます。
二流は、得した株は買いますが、損した株は二度と買いません。
買い方もコロコロ変えるので、それぞれの株のクセがわからなくなります。
全体の平均株価の上がり下がりはマーケットの動きにも出ています。
それぞれの会社の固有の上がり下がりのクセがあるのです。
買い続けていると、それがわかってきます。
損してもその会社とつき合うのが、一流です。
株とのつき合い方は、結局、人とのつき合い方と同じです。

たとえば、人に勧められた本を読んだら、自分的には面白くないことがあります。
ここで「だまされた。カネ返せ」と言うのは、おかしいのです。
人に勧められた映画を見に行きます。
それが面白くなかったからといって、「カネ返せ」と言うのは、おかしいです。

そんなことを言う人は、何も紹介してもらえなくなります。

アドバイスを聞いても、最終的には自己責任で決断します。

アドバイス通りに動いて、相手に責任をなすりつける生き方自体、お金を逃がすのです。

お金で成長するために 42

自分の過ちを認めよう。

43

「信頼して、だまされた人」の運気は下がらない。「信頼されて、だました人」の運気は下がる。

信頼してだまされた場合は、金銭的には一時的に損ですが、運気は下がりません。
信頼されてだました場合は、お金はプラスになりますが、運気は下がります。
していることと入ってくるお金は、すべてバランスがとれているのです。

一流は、信頼してだまされます。
二流は、信頼されてだます側にまわります。

見ず知らずの人をだますのではなく、信頼してくれている人をだますのが、一番ダメージが大きく、運気の下がり具合も大きいのです。

一流は、だまされても騒ぎません。

だまされることは、運気が下がることではないからです。

それだけ信頼したということです。

ここが分かれ目です。

二流は、だまされた時に「今度は自分がだます側にまわろう」「だまされた分を取り返すために、誰かをだまそう」と考えます。

最初はだまされる側だったのに、いつの間にかだます側にまわるのです。

「だます人間がいるなら、自分もだまさないと損」というのは、だます側に基準を置いています。

商売人の家では、「だますより、だまされる側にまわれ」と教えられます。

だまされた時に「だます側にならなくてよかった」と考えるのです。

実際、こういうことは事故のように発生します。

だまされる側にまわることで、やがてお金を生み出すようになるのです。

だまされることによって、水道管の水漏れを発見することができます。

だまされなければ、水道管の水漏れを見つけることはできません。

水道管の水漏れの原因を見つけて穴をふさぐことができれば、今後、水漏れし続けることはありません。

だまされることによって、未来の損失を避けることができるようになるのです。

お金で成長するために　43

だますより、だまされよう。

44

「だまされた。カネ返せ」と言わない。

私は本をジャケ買いします。

タイトルと中身が、まったく違うこともあります。

中身はいまいちなのに、タイトルで買ってしまうのです。

ここでタイトルのつけ方を学びます。

カバーの女性がかわいいから買うこともあります。

そんなことをさんざんしているうちに、「カバーはかわいい女性のほうがいい」

という結論にたどり着きました。

カバーで増刷になることもあるのです。

私の中で、女性カバーの本を集めて年間でタイトル賞を決めています。

中身とのギャップがあるほどいいのです。


「だまされた」と怒る人は、二度と女性カバーの本は買わなくなります。

その中にいい本があっても、そのチャンスを逃すのです。

「だまされた。カネ返せ」ではなく、「だまされたなあ。うまいなあ」と思えるかどうかです。

お金で成長するために　44

「だまされた。うまいな」と言おう。

45

1年草より、多年草を植える。

庭をつくる時に、二流は1年草を植えます。

一流は多年草を植えます。

1年草を植えると、庭がすぐでき上がります。

多年草を植えると、成長して咲くまで時間がかかります。

すぐに喜んでもらえません。

「せっかく庭をデザインしてもらったけど、なんか寂しいね」と言われるのです。

その庭は、10年後には見事な庭になります。

1年草を植えたところは、２年後には枯れています。

結果をすぐ求める依頼主と職人さんのお金に対する考え方は二流です。

すぐ儲かってすぐ売れなくなるモノが欲しいのか、売れるまで時間がかかっても長く売れ続けるモノが欲しいかです。

たとえば、二流はベストセラーを欲しがります。

一流はロングセラーを目指します。

結局、稼ぐのはロングセラーです。

売れるまでにかかった時間が、売れなくなるまでにかかる時間です。

収益は、図の面積です。

総売上はロングセラーの方が大きくなります。

独立してフリーランスで仕事を始めた人は、すぐ

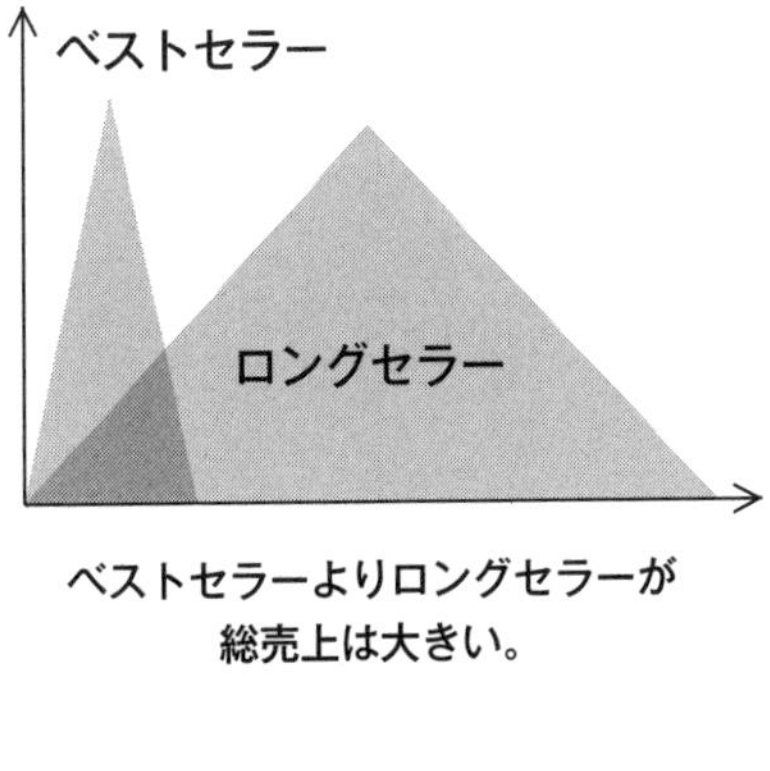

ベストセラーよりロングセラーが
総売上は大きい。

売れようと考えます。

すぐ売れると、トータルで入るお金は小さくなります。

徐々に徐々に売れていくことで、一番収益が上がるのです。

演歌歌手で徐々に売れた人は、売れなくなるまでに時間がかかります。


1年後を考えた話か、10年後を考えた話かということです。


「1年で何億稼ぐ」という形の本は、たくさんあります。

そういう本を買う人もいるので、需要と供給は成り立っています。

私は生涯所得を考えます。

「10年でこれだけ稼ぐ」「100年でこれだけ稼ぐ」という感覚です。

孫子《まごこ》の代まで稼ぐことを基本に考えています。

本も、ベストセラーを目指すかロングセラーを目指すかで、決定的な違いがあるのです。

ベストセラーは、ランキング10位までを狙います。
ロングセラーは、ランキング１００位までに10年間入り続けます。
平積みがベストセラーで、棚に入っているのがロングセラーです。
ロングセラーは、１人の読者に長期にわたってつき合ってもらえます。
大勢の人に読んでもらうことは目指していません。
たくさんのお客様はいらないし、爆発的に売れなくていいのです。
コツコツ、コツコツ、増刷がかかる形が一番強いのです。
その人が親になったら、子どもがそれを読み始めます。

世代をまたぐ読まれ方です。

絵本の強さは、ロングセラーの強さです。
子どもの時に読んだ絵本を、自分がお母さんになった時に子どもに読ませます。
それが本来の一流のお金の生み出し方です。

流行っているところは、どこもこの形です。
美容院でも、母子で来ている美容院はつぶれません。
今は人気があっても、若い子しか来ないところはつぶれます。
表参道は美容院の大激戦区です。
流行っていた店も、別の店が流行り始めると、お客様がパッタリ来なくなります。
TVで紹介されても、認知度が上がるだけです。
売れ行きは、一瞬で下がります。
歯医者さんでも、占い師さんでも、親子で来るところは続くのです。

お金で成長するために 45

1年後より、10年後を考えよう。

46 「知名度」の稼ぎは短い。「ブランド」の稼ぎは長い。

コンサルタントの仕事をしている人が、「ホームページにお金をかけたほうがお客様が来ると言われたんですけど」という相談を受けました。

ホームページで来たお客様は、ホームページでいなくなります。

ホームページは、けっこう高くつくのです。

検索をかけて上位に来たとしても、ただ知名度が上がるだけです。

ＴＶでコマーシャルを打つと、知名度は上がりますが、一瞬です。

二流は、知名度とブランドは違うということに気づいていないのです。

「この著者の本は間違いなく毎回面白い」というのがブランドです。

知名度は「この人、知ってる」というだけです。

持続性はありません。

「知っているけど当たりハズレがある」というのは、ブランドではないのです。

「最初のころは面白かったけど、最近、ネタがかぶり始めたよね」となったら、アウトです。

常に新たなネタを提供し続けることが大切です。

私が本に同じネタを2回書かないのは、1つはネタがたくさんあるからです。

もう1つは、ずっとつき合っている読者が、知っているネタをもう1回読まされると損した気分になるからです。

私は「同じネタを2回書かない」という形をポリシーとしています。

読者と長くつき合う覚悟があるからです。

長くつき合う覚悟のない人、職業作家でなくて、本業が別にある人なら、同じネタを何回繰り返してもいいのです。

ブランドをつくるのは、時間がかかります。

急いでつくろうとしたら、ブランドではなくなります。

急につくることはできないかわりに、急に滅びることもないのがブランドです。

コツコツ王道のブランドをつくる覚悟のある人が、お金をつくることができるのです。

お金で成長するために　46

ブランドを時間をかけてつくろう。

47

稼ぐ人は、冷蔵庫の中がきれい。

二流は、冷蔵庫の中がゴチャゴチャしています。
同じモノがいくつも入っています。
中に何が入っているかわからないので、また買ってきてしまうのです。
半額とか安売りだからといって、大量に買い込みます。
入るところがないので、結局、腐らせてしまいます。
これがお金に縁のない人の冷蔵庫です。

一流は、冷蔵庫の中がきれいです。
冷蔵庫に余裕があるので、今、何が入っているかがわかっています。
安売りだからといって、ムダなモノは買ってきません。
今、使う分しか入っていないのです。
お金のつき合い方と、冷蔵庫の中の食材のつき合い方とは、連動しています。

一番大切なのは、いらないモノを買わないことです。

私はレストランの研修をしています。
最初に、冷蔵庫を開けてエックします。
冷蔵庫がパンパンになっているところは、まず流行りません。
整理されていないので、ムダな食材を仕入れてしまいます。
冷凍だからといって、何年ももつわけではありません。
冷凍も冷凍焼けを起こすので、限界が来ます。

そんなことをしていると、食中毒を出すのです。

流行るレストランは、冷蔵庫にスキ間があって、奥まですべて見えています。常に回転しているから、食材も常に新鮮です。

今、流行っていなくても、**冷蔵庫の中身を常に回転させることが大切なのです。**

貯金は冷蔵庫の中がパンパンになっている状態です。

食べる量よりたくさん買ってしまうと、結局、冷蔵庫の中で、腐らせてしまいます。

冷蔵庫の中がパンパンな人は、腐ってしまった食材や、これから腐りそうな食材であふれさせているのです。

安売りで得するよりも、ムダなく使いきるほうが、上手なお金の使い方なのです。

お金で成長するために 47

冷蔵庫を、片づけよう。

第5章

一流は、学ぶために働く。

48

お金のかわりに、知恵でもらう。

相手に何かをしてあげた時に、お返しをお金やモノでもらうのは二流です。

一流は、知恵でもらいます。

お金やモノは、あげたら減ります。

知恵は、あげても減りません。

私は、作家仲間に売れる本の書き方をアドバイスしています。

実際に本が売れるようになると、「こうしたら売れました」というフィードバックが返ってきます。

「そうか。そういう手もあるな」と、また新たなアイデアを思いつきます。
知恵は、あげると増えるのです。
カネのなる木は、知恵です。
お金やモノではないのです。
それをもっと増やすには、人にどんどんあげればいいのです。
売れる本の秘訣を知っていても、誰にも教えないと、それ以上は増えません。
くまモンの成功は、ロイヤリティーをとらなかったことです。
そうすれば、みんなが使えます。
この形にするのが、結果として一番儲かるのです。

お金で成長するために　48

モノよりも、知恵でもらおう。

49

お金を通して、人は繋がり、信じ合えるようになった。

お金を手に入れることによって縁が切れたら、終わりです。

1つの仕事を通して儲けがなくても、関係を残すことが大切です。

一流は、関係を一番の財産と考えます。

二流は、縁を切ってでもお金をとろうとします。

「お金だけとって、あとは逃げてしまえばいい。相手とはもう会わないから」という形は、縁を捨てています。

これは痛いのです。

ずるいことをして自分だけがプラスになることも、できないことはありません。

その人は「縁」という財産を捨てたので、結局はチャラです。

縁は、これからたくさんの利益を生み出せます。

その利益も放棄したのです。

商売で一番大切なのは、縁です。

縁は信用から生まれます。

最初の商売は物々交換から始まりました。


たとえば、小麦と魚を交換する時に、小麦を持っている人がさらに小麦をもらっても困ります。

そこで、小麦のかわりにお金で払ったのです。

お金はモノのかわりです。

お金には信用がのっています。

信用を交換しているのです。

その意識があるかどうかです。

アメリカの詐欺師は全国を転々とします。

大きい国なので、1つの地域でまがいもの商品を売っても、壊れたころには詐欺師はいなくなっています。

お金をとって信用を捨てる人は、アメリカの詐欺師と同じです。

それが最も損なやり方なのです。

お金で成長するために 49

お金で、縁を捨てない。

50

ケチな人ほど、損をする。損したくない気持ちで、損をする。

「ケチな人は守りに入っているから損をしない」というのは、逆です。

二流は、ケチです。

ケチだから、損をします。

損をした時に、その損をなんとか取り返そうとするからです。

海外旅行に行って、「お土産を買わないと損」「せっかく旅費を使ってここまで来たのに、何も買わなかったら旅費がムダになる」と思うのが、ケチな人です。

映画館に入って、1800円を払います。
その映画が面白くない時に、「最後まで見ないと損」と言うのは間違っています。
面白くないのは、今の自分の波長に合わないからです。
そういう時は、すぐ出ないと時間がもったいないのです。
最初に波長が合わなければ、あとから合うことはありません。
あとの時間のほうが大切です。
損したくない気持ちで、ますます損をするのです。
損切りをした瞬間に、損を忘れて、次に稼ぐことを考えます。
気持ちの上で、「勉強になった」と損切りできることが大切なのです。

お金で成長するために 50

損切りをしよう。

51
お金は、拡大鏡。いいところはさらに大きく、イヤなところも、さらに大きく。

「お金があれば、もっと余裕が生まれて、いい人になれるのに」というのは、二流の考え方です。

お金は拡大鏡です。

その人のいいところはさらによくして、悪いところはさらに悪くするのです。

もともと欠点を持っている人がお金を持つと、その欠点はもっとひどくなります。

欠点が直ることはありません。

「お金を持っていると、人間はダメになる」という思い込みも間違いです。

いい人は、お金がツールになって、もっと繁栄するのです。

たとえば、スマホが出てきて、誰もが感じが悪くなったわけではありません。

もともと感じのよかった人は、スマホでもっと感じのいい人になります。

感じの悪い要素を持っていた人は、もっと感じが悪くなるのです。

もともと余裕のある人は、スマホがあるおかげで、相手からの返事が遅くなっても、きっと返事をしてくれると安心して待てるようになります。

もともと余裕のない人は、スマホがあるせいで、「どうして、すぐ返事をくれないの」と不安になるのです。

スマホ自体の問題ではないのです。

お金もそれと同じです。

もともと余裕がない人がお金を持つと、お金に振りまわされて、ますます余裕がなくなります。

たとえば、思わぬお金が入った時に、余裕のある人は、ますます余裕が生まれます。

ますます、人に優しくできるようになります。

余裕のない人は、思わぬお金が入ったら、誰かにとられないか、疑心暗鬼になります。

自分が優しくされても、お金目当てで自分に優しくしているのではないか、と怪しんでしまいます。

たとえば、センスのある人は、お金が入ったら、センスの勉強代に使って、ますますセンスが磨かれます。

センスの悪い人は、お金が入ったら、センスの悪い服を買って、ますますセンスの悪さをさらけ出してしまいます。

いい人がお金を持つと、もっといい人になるのです。

お金で成長するために　51

「お金さえあれば」と考えない。

52

二流は、もっと儲かる仕事はないか、ウロウロする。

一見、儲かりそうな仕事は、実際にしてみると大変です。
サービス業は、なかなか人が集まりません。
社長が「初任給を上げたら集まるはずだ」と考えて、給料を上げました。
余計人が来なくなりました。
「給料が高いということは、しんどい仕事に違いない」と思われたのです。
今は、みんながみんな「給料は高いほうがいい」と思わなくなってきた時代です。
これは、間違っていません。

給料が高い仕事は、しんどい仕事です。
ラクしたければ、給料が安い仕事を選べばいいのです。
「給料は安くていいからラクな仕事をしたい」というのは、明快に割り切っています。
お金とのつき合い方として、基準がはっきりしているのです。
「儲かる仕事がしたい」→「しんどい仕事はイヤだ」→「でも、儲かる仕事がしたい」
という行ったり来たりが、一番ウロウロします。
そういう人は、転職を繰り返して悲惨な目にあうのです。

一流は、儲かる仕事よりは、好きな仕事をしています。
儲かる仕事を放棄できるのです。
どれだけ得するかは関係ありません。
究極は、損になってもいいから、「好き」で選びます。
好きなことをして儲かる仕事はありません。

あらゆる仕事で、トップの人は、その仕事をしたかった人ではないのです。

私は1000冊近い本を書いています。

それでも作家の意識は何もありません。

なりたいと思ったことも、一度もありません。

だから、客観的です。

「死ぬほど好き」と言っていた人に限って、儲からないとわかると、ポッキリ折れます。

夢中になりすぎることは冷静さを欠くので、どこかで行き詰まります。

客観的に見られるぐらいのほうが、お金を生み出せるのです。

お金で成長するために 52

得より、好きで選ぼう。

53

二流は、好きなことをする。
一流は、めんどくさいことをする。

主婦やサラリーマンが自分で商売をしようとする時に、たいていは好きなことを始めます。

好きなことで稼ごうとするのが、二流です。

本にも、よく「好きなことを商売にしなさい」と書いてあります。

あれは「好きなことを商売にしなさい。儲からなくても笑っていられるから」という下の句が抜けているのです。

一流は、めんどくさいことで儲けるか、好きなことで儲けないかのどちらかです。

好きなことをしながら儲けるのは、欲張りすぎです。

みんながめんどくさいと思っていること、するのに勇気がいることが、一番儲かります。

株で儲けている人は、「ラクして儲けている」と言われます。

株は、一歩間違うと破産します。

それを覚悟でしています。

勇気があるのです。

それは評価したほうがいいのです。

ここに大切な原則があります。

二流は、儲けている人はラクして儲けていると思っています。

ラクして儲けている人は、1人もいません。

儲けている人は、必ずそれに見合う何かをしています。
めんどくさいことだったり、勇気があったり、見えない工夫をしているのです。
「儲けている人は悪人」というのは、二流の発想です。
ベストセラーの本に文句を言う人がいます。
「あんな中身がない本が売れやがって」と言うのです。
そういう人は、売れた原因を研究しようとしません。
売れるには必ず原因があります。
そこから学ぶ人が、自分も売れるものをつくれるようになります。
やっかみの気持ちがある時点で、何も見えなくなるのです。

お金で成長するために　53

めんどくさいことをしよう。

54

「書きたいから書く」では、お金にならない。

「本を書いて、夢の印税生活をしたい」と言う人は、大勢います。
出版社にも原稿が持ち込まれます。
そのほとんどが売れないのです。
ブログと本との区別がついていないからです。
ブログは無料、本は有料です。
ここに圧倒的な違いがあります。
ブログは「書きたいから書く」でいいのです。

売り物にするからには、読者の役に立つ必要があります。

その人の趣味や「今日どこでごちそうを食べた」ということを聞かされても、読者の参考にならなければ、お金を払って本を買った人は損した気分になります。

損した気分にさせた時点で、読者に借りをつくっているのです。

１３００円の本なら、１３００円分の借りです。

１３００円の本で１３００円分の内容なら、チャラです。

1万円分の内容なら、８７００円の貸しです。

本はお金と同じです。

ブログは無料なので、読んで損することはありません。

相手が10円でも1円でもお金を払うなら、それに値しない限り、読者に借金をしているのです。

「書きたいから書く」「書きたいことを書く」というモノは、商品ではありません。

それはブログで書くか、または自費出版で配ればいいのです。

「本を書きたいんですけど」という相談事の答えは、「ブログでされたほうがいいですね」というのが一番多いのです。

商品の価値は、お客様が決めるものです。

つくり手が決めることではありません。

すべての書き手が「これは面白くてためになる」と思い込んでいます。

基準は、読者のためになるかどうかなのです。

お金で成長するために　54

お金に値するものを書こう。

55 多すぎる年収は、自由時間を減らし、ストレスを増やす。

年収７００万円の人が個人レッスンを受けて、年収１５００万円になりました。

「来年は３０００万円にしたいので、どうしたらいいでしょう」と相談されました。

「３０００万円にすることは可能です。ただし、あなたの時間は、ほぼなくなります。

売上が上がると、今まで起こらなかったクレームとトラブルが増えます。

ベストが３０００万円という金額かどうかを考えてください」とアドバイスしました。

今、世の中で最も自由時間があって、勉強もできるのが、年収７００万円の人です。

年収が増えてくると、倍々に増やしたくなります。

一種の麻薬です。

できないことはありません。

ただし、自由時間がなくなります。

自由時間がなくなると、勉強ができなくなります。

継続性がなくなるので、どこかでストンと崖から落ちるのです。

趣味も勉強もできるベストの収入を見つけて、そこで止めることが大切です。

収入が増えると、労働時間、トラブル対策の時間、ストレスも増えます。

年収が倍になるとストレスが半分になるというのは、大きな間違いです。

自分にとってベストな形を考えることが大切なのです。

お金で成長するために 55

ベストな年収以上に稼がない。

56 数字に目を奪われると、大事なものを見落とす。

お金は、数字です。

数字に目を奪われ始めると、大切なモノを見落とすリスクがあります。

お金よりも、人間関係、ノウハウ、知恵など、もっと大切な問題があるのに、お金が第一義の議論になる危険性があるのです。

あるレストランに行きました。

いいお店でした。

「また来ます」と言おうとして、オーナーさんと話をしました。

オーナーさんが「うちの店は、全国に1000店舗、売上は○億円を目指しているんですよ」と言いました。

それを聞いた時に、私は「このお店には、もう来ないだろう」という気持ちになりました。

何店舗とか売上何億とかは、私とは関係がありません。

1000店分の1店舗の関係にすぎなくなります。

「ああ、そうなんですか。頑張ってください」としか言いようがありません。

それよりも、「いろいろなところの誘いを受けるんですけど、1店舗だけのほうがカッコいいじゃないですか」と言うほうが、魅力的だし、繋がりがあります。

お客様は「その人に会いに行く」という気分で来ています。

2店舗目ができると、それができなくなります。

「今日はあっちの店に行っているんですよ」と言われるからです。

「こういう料理をつくりたい」という夢を語るのはいいのです。
「何店舗に増やしたい」というのは、数字マジックです。
お客様は1回に１０００店舗まわることはできません。
数字が出てくると、１対1の関係ではなくなってしまうのです。

お金で成長するために　56

数字に、惑わされない。

57

客単価の小さいお客様を大切にする。

阪急グループの創始者小林一三がデパートをつくったのは、大食堂が流行って、お子様ランチができた時代です。

みんなが行きました。

そこにライスのみを注文するお客様が出始めました。

大阪に限らず、テーブルにはソースなどの調味料がのっています。

ライスに、しょうゆとかコショウをかけて食べられると、売上になりません。

各デパートが「ライスのみのお客様、お断り」という張紙を出しました。

売上のためには、そうせざるをえないのです。

一方、小林の阪急百貨店では「ライスのみのお客様、大歓迎」と書いたのです。

来たお客様は、ライスだけでも遠慮なく食べられます。

「ほかのものも食べてあげようかな」という気持ちになります。

1回の売上ではなく、関係性ができてくるのです。

数字に目が行くと、今、この瞬間しか物事を考えられなくなります。

数字を見始めると、関係の放棄になります。

数字と関係を持つことはできません。

関係は、人間と人間とでしか持つことができないのです。

お金で成長するために　57

関係性を財産にしよう。

58

お金で、寂しさは埋められない。

心のスキ間を埋めるのは、お酒やギャンブルだけではありません。

お金儲けをするためではなく、自分の寂しさを埋めるためにお金を求める人がいるのです。

これでは、どんなにお金持ちになっても寂しさは満たされません。

女性にプレゼントを買うのは、自分が寂しいからです。

プレゼントで引き止めようとしても、結局、プレゼント目当ての女性しか集まらなくなります。

９割のことは、お金で埋めることができます。

「お金があればなんでもできる」というのは、９割までは正しいのです。

「世の中、お金じゃない」とか「世の中、お金だ」という二者択一ではありません。

これが正しいものの見方です。

ただ、残り１割の心のスキ間は、お金では埋まらない世界です。

自分の心のスキ間を埋めるためにお金を使う人は、お金を使うことによって、ますます寂しくなるのです。

お金で成長するために　58

寂しさを埋めるために、お金を使わない。

59

やめると、ゼロになる。

二流は、することをコロコロ変えます。

してもしても効果が出ない時に、やめてしまうのです。

一流は、効果が出なくても、結果が出なくても、やめません。

そこでやめたら、今まで蓄積してきたことが、すべてゼロになるからです。

一流の編集者は、その著者の1冊目の本が売れなければ、2冊目を工夫します。

それでも売れなければ、3冊目を工夫します。

そうしているうちに、やがて売れる瞬間が出てきます。

これが著者と長くつき合っていくということです。

数字だけを見ていると、１冊目が売れない時点で、「この著者は売れない」と切ってしまうことになります。

１回実験して売れないとわかったら、それはデータとして残ります。

１つの材料として工夫をすれば、次に売れる確率が上がるのです。

人間関係を早々に切り捨てる人は、損切りができない人の逆バージョンです。

損は切っても、人間関係を切ってはいけないのです。


大切なのは、結果が出なくてゼロ更新をしていても続けることです。

そうすれば、蓄積効果が出てきます。

やめた時点で、今までの蓄積は全部パアになります。

ポーカーと同じです。

ポーカーは、みんながおりなければ、次々と出し続けます。
やめた時点でとられるのです。
結果が出ない時こそ、おりないで続けることで、お金を生み出すことができます。
一種のガマン比べです。
お金とのつき合いは、根気です。
どこまで耐えられるかです。

お金で成長するために　59

結果が出ない時こそ、繋いでいこう。

60 気軽にお金の話ができる友達を持つ。

二流は、お金の話をすることに罪悪感があります。

気軽にお金の話ができる友達、先生がいないのです。

一流は、そういう友達や先生を持っています。

お金の話にストレスを感じないので、お金について勉強できるし、自分が間違っていたことも知ることができます。

税理士さんにさえお金の話が気軽にできない人もいます。

そういう人は税理士さんの信頼をなくします。

正直に言えないからです。

実際には1200万円の借金があるのに、「200万円あれば、なんとか乗り切れるんですけど」と言ってしまいます。

「まだ1000万円も残っている」と言うと貸してくれないと思っているからです。

ふだんから気軽にお金の話ができないで、隠すクセがあるのです。


関西の商売人は、お金の生み出し方を知っています。

お金の話にタブーがありません。

まじめな人ほど、お金の話をタブーと考えます。

最初からお金の話などしてはいけないと思っています。

こういう人は、信頼関係をなくします。

言いにくい話を先に言うのが関西の考え方です。

そうすれば、あとはラクになって、ストレスがなくなります。
ないものはないし、あるものはあるのです。
それをズバッと言えることが大切です。
ヘンな駆け引きをすることで、チャンスを失うのです。
言いにくそうにすると、怪しまれます。
駆け引きは、売り手にも、買い手にも、ストレスになります。
駆け引きして、安くなったとしても、安くなった分だけ、信頼を落とします。
売る側は、はっきり定価を言う。
買う側は、はっきり予算を言うことで、信頼が生まれるのです。

お金で成長するために　60

お金の話に、罪悪感をなくす。

61

学ぶために、働く。

お金はナマモノです。
昔から「金は、鰯のごとし」と言われます。
ほうっておいたら、お金は腐るのです。
お金は常に動かしておくものです。
利益が生まれたら、それを勉強にまわして、さらに成長します。
成長するから、また稼げます。
稼げるから、また勉強にまわせます。

二流は、働くために学びます。

一流は、学ぶために働きます。

二流は、自分に利益を残すことが最終目標です。

一流は、自分が成長することを目標にするのです。

今のままでは、お金は生み出せません。

成長のないところに、お金は生まれないのです。

お金は、成長から生まれるのです。

成長のためにお金を使う人が、自分の成長に使うことでさらに大きなお金を生み出すことができるのです。

お金で成長するために 61

利益を、勉強にまわそう。

『会社で自由に生きる法』（日本経済新聞出版社）
『全力で、1ミリ進もう。』（文芸社文庫）
『だからあの人のメンタルは強い。』（世界文化社）
『「気がきくね」と言われる人のシンプルな法則』（総合法令出版）
『だからあの人に運が味方する。』（世界文化社）
『だからあの人に運が味方する。（講義DVD付き）』（世界文化社）
『なぜあの人は強いのか』（講談社＋α文庫）
『贅沢なキスをしよう。』（文芸社文庫）
『3分で幸せになる「小さな魔法」』（マキノ出版）
『大人になってからもう一度受けたい コミュニケーションの授業』（アクセス・パブリッシング）
『運とチャンスは「アウェイ」にある』（ファーストプレス）
『「出る杭」な君の活かしかた』（明日香出版社）
『大人の教科書』（きこ書房）
『モテるオヤジの作法2』（ぜんにち出版）
『かわいげのある女』（ぜんにち出版）
『壁に当たるのは気モチイイ　人生もエッチも』（サンクチュアリ出版）
『ハートフルセックス』【新書】（KKロングセラーズ）
書画集『会う人みんな神さま』（DHC）
ポストカード『会う人みんな神さま』（DHC）

<面接の達人>
【ダイヤモンド社】
『面接の達人　バイブル版』
『面接の達人　面接・エントリーシート問題集』

中谷彰宏　主な作品一覧

『頑張ってもうまくいかなかった夜に読む本』
『14歳からの人生哲学』
『受験生すぐにできる50のこと』
『高校受験すぐにできる40のこと』
『ほんのささいなことに、恋の幸せがある。』
『高校時代にしておく50のこと』
『中学時代にしておく50のこと』

【PHP文庫】
『もう一度会いたくなる人の話し方』
『お金持ちは、お札の向きがそろっている。』
『たった3分で愛される人になる』
『自分で考える人が成功する』
『大人の友達を作ろう。』
『大学時代しなければならない50のこと』

【大和書房】
『結果がついてくる人の法則58』

【だいわ文庫】
『なぜか「HAPPY」な女性の習慣』
『なぜか「美人」に見える女性の習慣』
『いい女の教科書』
『いい女恋愛塾』
『やさしいだけの男と、別れよう。』
『「女を楽しませる」ことが男の最高の仕事。』
『いい女練習帳』
『男は女で修行する。』

【学研パブリッシング】
『美人力』
『魅惑力』
『冒険力』
『変身力』
『セクシーなお金術』
『セクシーな会話術』
『セクシーな仕事術』
『口説きません、魔法をかけるだけ。』
『強引に、優しく。』

【阪急コミュニケーションズ】
『いい男をつかまえる恋愛会話力』
『サクセス＆ハッピーになる50の方法』

【あさ出版】
『「いつまでもクヨクヨしたくない」とき読む本』
『「イライラしてるな」と思ったとき読む本』
『「つらいな」と思ったとき読む本』

【きずな出版】
『ファーストクラスに乗る人のお金2』
『ファーストクラスに乗る人の仕事』
『ファーストクラスに乗る人の教育』
『ファーストクラスに乗る人の勉強』
『ファーストクラスに乗る人のお金』
『ファーストクラスに乗る人のノート』
『ギリギリセーーフ』

『一流の思考の作り方』（リベラル社）
『服を変えると、人生が変わる。』（秀和システム）
『器の大きい人、小さい人』（ぱる出版）
『なぜあの人は40代からモテるのか』（主婦の友社）
『一流の時間の使い方』（リベラル社）
『品のある人、品のない人』（ぱる出版）
『輝く女性に贈る 中谷彰宏の運がよくなる言葉』（主婦の友社）
『名前を聞く前に、キスをしよう。』（ミライカナイブックス）
『ほめた自分がハッピーになる「止まらなくなる、ほめ力」』（パブラボ）
『なぜかモテる人がしている42のこと』（イースト・プレス　文庫ぎんが堂）
『一流の人が言わない50のこと』（日本実業出版社）
『輝く女性に贈る　中谷彰宏の魔法の言葉』（主婦の友社）
『「ひと言」力。』（パブラボ）
『一流の男　一流の風格』（日本実業出版社）
『変える力。』（世界文化社）
『なぜあの人は感情の整理がうまいのか』（中経出版）
『人は誰でも講師になれる』（日本経済新聞出版社）

『【図解】「できる人」の時間活用ノート』

【PHP 文庫】
『中谷彰宏　仕事を熱くする言葉』
『入社3年目までに勝負がつく 77 の法則』

【オータパブリケイションズ】
『せつないサービスを、胸きゅんサービスに変える』
『ホテルのとんがりマーケティング』
『レストラン王になろう2』
『改革王になろう』
『サービス王になろう2』
『サービス刑事』

【あさ出版】
『気まずくならない雑談力』
『人を動かす伝え方』
『なぜあの人は会話がつづくのか』

【学研パブリッシング】
『会話力のある人は、うまくいく。』
『片づけられる人は、うまくいく。』
『怒らない人は、うまくいく。』
『ブレない人は、うまくいく。』
『かわいがられる人は、うまくいく。』
『すぐやる人は、うまくいく。』

『一流の仕事の習慣』（ベストセラーズ）
『仕事は、最高に楽しい。』（第三文明社）
『「反射力」早く失敗してうまくいく人の習慣』（日本経済新聞出版社）
『伝説のホストに学ぶ 82 の成功法則』（総合法令出版）
『富裕層ビジネス　成功の秘訣』（ぜんにち出版）
『リーダーの条件』（ぜんにち出版）
『成功する人の一見、運に見える小さな工夫』（ゴマブックス）
『転職先はわたしの会社』（サンクチュアリ出版）
『あと「ひとこと」の英会話』（DHC）

＜恋愛論・人生論＞
【ダイヤモンド社】
『なぜあの人は逆境に強いのか』
『25 歳までにしなければならない 59 のこと』
『大人のマナー』
『あなたが「あなた」を超えるとき』
『中谷彰宏金言集』
『「キレない力」を作る 50 の方法』
『お金は、後からついてくる。』
『中谷彰宏名言集』
『30 代で出会わなければならない 50 人』
『20 代で出会わなければならない 50 人』
『あせらず、止まらず、退かず。』
『明日がワクワクする 50 の方法』
『なぜあの人は 10 歳若く見えるのか』
『成功体質になる 50 の方法』
『運のいい人に好かれる 50 の方法』
『本番力を高める 57 の方法』
『運が開ける勉強法』
『ラスト3分に強くなる 50 の方法』
『答えは、自分の中にある。』
『思い出した夢は、実現する。』
『習い事で生まれ変わる 42 の方法』
『面白くなければカッコよくない』
『たった一言で生まれ変わる』
『健康になる家　病気になる家』
『スピード自己実現』
『スピード開運術』
『20 代自分らしく生きる 45 の方法』
『受験の達人 2000』
『お金は使えば使うほど増える』
『大人になる前にしなければならない 50 のこと』
『会社で教えてくれない 50 のこと』
『学校で教えてくれない 50 のこと』
『大学時代しなければならない 50 のこと』
『昨日までの自分に別れを告げる』
『あなたに起こることはすべて正しい』

【PHP 研究所】
『叱られる勇気』
『40 歳を過ぎたら「これ」を捨てよう。』
『中学時代がハッピーになる 30 のこと』

中谷彰宏　主な作品一覧

<ビジネス>

【ダイヤモンド社】

『50代でしなければならない55のこと』
『なぜあの人の話は楽しいのか』
『なぜあの人はすぐやるのか』
『なぜあの人の話に納得してしまうのか［新版］』
『なぜあの人は勉強が続くのか』
『なぜあの人は仕事ができるのか』
『なぜあの人は整理がうまいのか』
『なぜあの人はいつもやる気があるのか』
『なぜあのリーダーに人はついていくのか』
『なぜあの人は人前で話すのがうまいのか』
『プラス1％の企画力』
『こんな上司に叱られたい。』
『フォローの達人』
『女性に尊敬されるリーダーが、成功する。』
『就活時代しなければならない50のこと』
『お客様を育てるサービス』
『あの人の下なら、「やる気」が出る。』
『なくてはならない人になる』
『人のために何ができるか』
『キャパのある人が、成功する。』
『時間をプレゼントする人が、成功する。』
『ターニングポイントに立つ君に』
『空気を読める人が、成功する。』
『整理力を高める50の方法』
『迷いを断ち切る50の方法』
『初対面で好かれる60の話し方』
『運が開ける接客術』
『バランス力のある人が、成功する。』
『逆転力を高める50の方法』
『最初の3年その他大勢から抜け出す50の方法』
『ドタン場に強くなる50の方法』
『アイデアが止まらなくなる50の方法』
『メンタル力で逆転する50の方法』
『自分力を高めるヒント』
『なぜあの人はストレスに強いのか』
『スピード問題解決』
『スピード危機管理』
『一流の勉強術』
『スピード意識改革』
『お客様のファンになろう』
『大人のスピード時間術』
『なぜあの人は問題解決がうまいのか』
『しびれる仕事をしよう』
『しびれるサービス』
『大人のスピード説得術』
『お客様に学ぶサービス勉強法』
『大人のスピード仕事術』
『スピード人脈術』
『スピードサービス』
『スピード成功の方程式』
『スピードリーダーシップ』
『大人のスピード勉強法』
『一日に24時間もあるじゃないか』
『出会いにひとつのムダもない』
『お客様がお客様を連れて来る』
『お客様にしなければならない50のこと』
『30代でしなければならない50のこと』
『20代でしなければならない50のこと』
『なぜあの人の話に納得してしまうのか』
『なぜあの人は気がきくのか』
『なぜあの人はお客さんに好かれるのか』
『なぜあの人は時間を創り出せるのか』
『なぜあの人は運が強いのか』
『なぜあの人にまた会いたくなるのか』
『なぜあの人はプレッシャーに強いのか』

【ファーストプレス】

『「超一流」の会話術』
『「超一流」の分析力』
『「超一流」の構想術』
『「超一流」の整理術』
『「超一流」の時間術』
『「超一流」の行動術』
『「超一流」の勉強法』
『「超一流」の仕事術』

【PHP研究所】

『【図解】お金も幸せも手に入れる本』
『もう一度会いたくなる人の聞く力』
『もう一度会いたくなる人の話し方』
『【図解】仕事ができる人の時間の使い方』
『仕事の極め方』
『【図解】「できる人」のスピード整理術』

著者略歴

中谷 彰宏（なかたに あきひろ）

1959年、大阪府生まれ。早稲田大学第一文学部演劇科卒。博報堂に入社し、8年間のCMプランナーを経て、91年、独立し、株式会社中谷彰宏事務所を設立。人生論、ビジネスから恋愛エッセイ、小説まで、多くのロングセラー、ベストセラーを送り出す。中谷塾を主宰し、全国で講演活動を行っている。

※本の感想など、どんなことでもお手紙を楽しみにしています。他の人に読まれることはありません。**僕は本気で読みます。**

中谷彰宏

〒460-0008　名古屋市中区栄3-7-9 新鏡栄ビル8F　株式会社リベラル社　編集部気付
中谷彰宏　行

※食品、現金、切手等の同封はご遠慮ください（リベラル社）

[中谷彰宏　公式サイト] http://www.an-web.com/

中谷彰宏は、盲導犬育成事業に賛同し、この本の印税の一部を（財）日本盲導犬協会に寄付しています。

装丁デザイン　宮下ヨシヲ（サイフォン・グラフィカ）
本文デザイン　渡辺靖子（リベラル社）
編集人　伊藤光恵（リベラル社）

一流のお金の生み出し方

2015年7月21日　初版

著　者　中 谷 彰 宏
発行者　隅 田 直 樹
発行所　株式会社 リベラル社
〒460-0008 名古屋市中区栄3-7-9 新鏡栄ビル8F
TEL 052-261-9101　FAX 052-261-9134
http://liberalsya.com
発　売　株式会社 星雲社
〒112-0012 東京都文京区大塚3-21-10
TEL 03-3947-1021

ISBN978-4-434-20859-1